マンガでわかる！

# 世界最凶の独裁者18人

水王舎

# はじめに

独裁者。

それは大きな権力をその手に独占し、国を、人を、意のままに操る者のことである。

独裁すること。それ自体は悪であるとは言い切れない。一人の力によって、国がよりよい方向へと導かれることもあるからだ。それは民主主義体制の国が必ずしも善政をおこなっているとは限らない世界の現状を見ても、明らかなことと言えるだろう。

しかしである。独裁者の存在がプラスになるケースは、実際のところ決して多くはない。独裁者のほとんどは、暴政を振るい、民心をもてあそび、そして多くの人命を失わせる。

「独裁者」と聞いて多くの人がダーティーなイメージを思い浮かべるのは、歴史上の独裁者たちがそれだけの悪行を重ねてきたからだ。

独裁者の存在は、何も歴史上や教科書の中にあるだけではない。いまも現在進行形で独裁体制を敷いている君主は多くいるのだ。

本書では、そんな最新の独裁者から、歴史に黒い影を落としたかつての独裁者までを紹介していく。マンガという表現方法を用いたのは、独裁者がどのような残酷かつ人道に反したことをおこなってきたのかを、より多くの人に知ってもらいたかったからである。

虐殺、粛清、そして身勝手な戦争。そんな陰惨な歴史は決して繰り返してはならない。そのためにわれわれがまずすべきことは、独裁者を知ることではなかろうか。

contents

マンガでわかる！
# 世界最凶の独裁者18人

## 第2章　大量虐殺をおこなった独裁者



## 第3章　恐怖と死で支配した独裁者

第4章

## 国を混沌におとしいれた独裁者



column



※読者の皆様へ
本書は歴史上の事実を元に構成しておりますが、一部、マンガとして読みやすくするための演出を加えてあります。

# 第1章 現代の独裁者

## 現代の独裁者①

# 金正恩

北朝鮮

ついに核を開発した⁉
北朝鮮の世襲独裁者

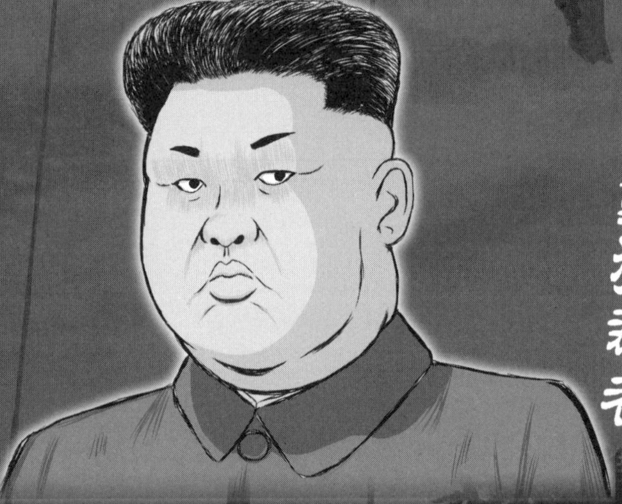

**金正恩** （きむ じょんうん）

Kim Jong-un　㊤ 1984年〜

金日成を祖父に、金正日を父に持つ北朝鮮の「三代目独裁者」。たび重なるミサイル発射で、日本はもちろん世界中を緊張状態に陥れる金正恩という男は、いかにしてできあがったのか？

マンガ&イラスト　徳光 康之

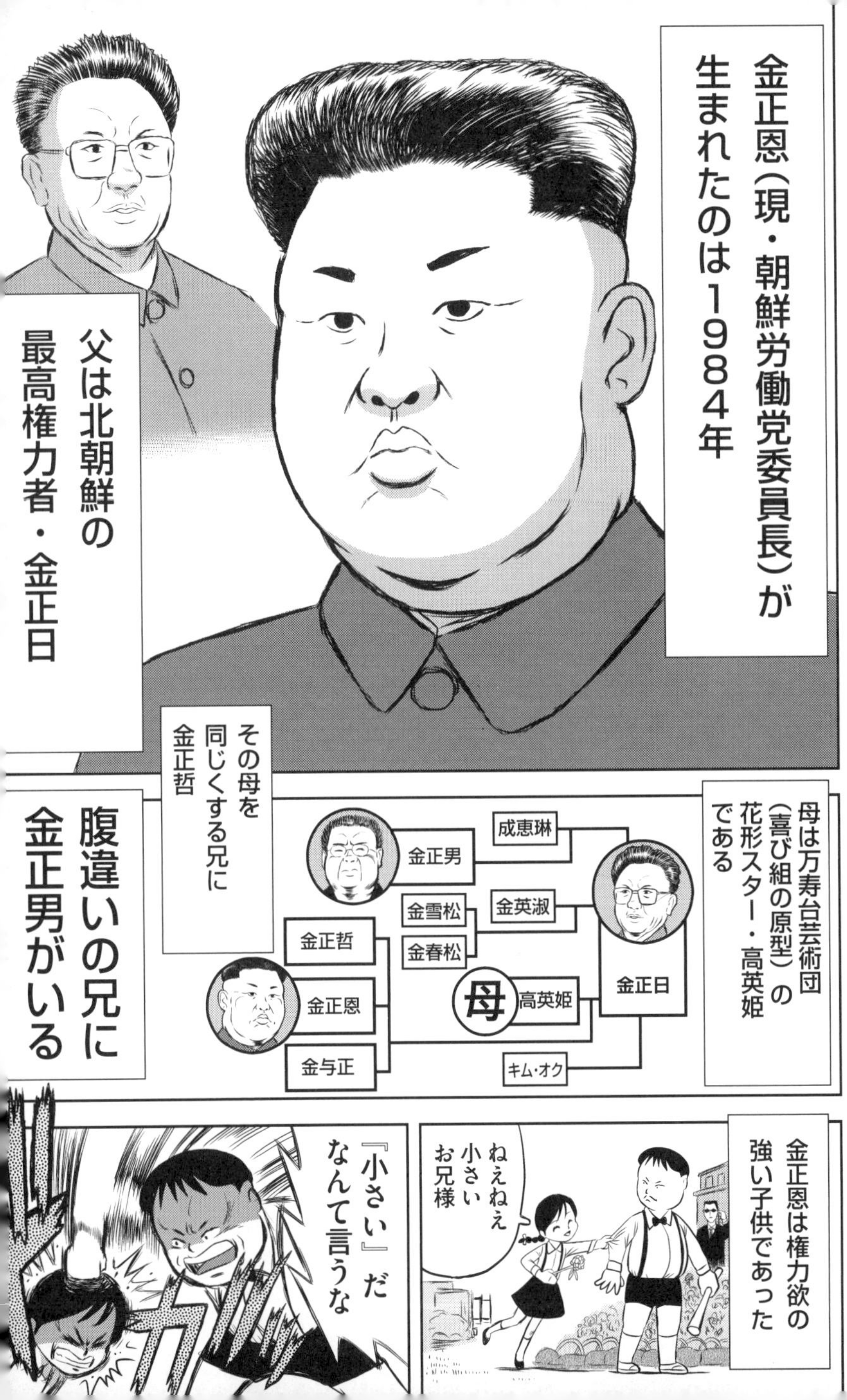
金正恩（現・朝鮮労働党委員長）が生まれたのは1984年
父は北朝鮮の最高権力者・金正日
母は万寿台芸術団（喜び組の原型）の花形スター・高英姫である
成恵琳
金正男
金英淑
金雪松
金春松
金正日
母
高英姫
キム・オク
金正哲
金正恩
金与正
その母を同じくする兄に金正哲
腹違いの兄に金正男がいる
金正恩は権力欲の強い子供であった
ねえねえ小さいお兄様
『小さい』だなんて言うな

大の負けず嫌いでスイス留学中には部活のチームメートに
なぜあそこでシュートしないんだ!
いつもながらすごいリーダーシップだ
北朝鮮の最高指導者に選ばれたのはこの性格を金正日が気に入ったからだと言われる
ふむふむそれでこそ指導者の器だ
がそれだけではない後継者候補2人がそれぞれ金正日の考えに合わなかったからだ
後継者候補の一番手だった金正男は
北朝鮮は改革解放するべきだ
と主張これを金正日は気に入らなかった
また日本に密入国し摘発されたことで信用は失墜した
テーマパークに行くためだと?何をやっているか!
もう1人の兄 金正哲はやさしすぎる性格と
ロックコンサートに女性同伴で来ている姿を日本メディアに撮られ信用を失った
後継者は正恩だ

こうして選ばれた金正恩が2010年9月の朝鮮労働党代表者会で世襲を公のものとした
同年10月の閲兵式では父の金正日に同席その存在を世界にアピールした
北朝鮮のリーダーとなった金正恩は核開発を推し進めていく
2016年1月「わが国は初の水爆実験に成功した」と発表
2016年9月には
5回目となる核実験
それと同時に自分の権力をおびやかしそうな者を
粛清
2013年12月に北朝鮮のナンバー2張成沢を
処刑

そして2017年2月には異母兄の金正男が
マレーシアで毒殺されている
北朝鮮は事件への関与を否定しているが金正恩の指令によるものだと報じるメディアは少なくない
着々と独裁体制を強化した金正恩は
2017年1月1日新年にあたっての演説で

大陸間弾道ミサイル（ICBM）の開発が
最終段階に入った
と発表
ICBMが本当に完成すれば
アメリカ本土も射程距離に入る
アメリカには911テロの
トラウマがあり
ましてや現在の大統領は
トランプだ

北朝鮮とは
大規模衝突も
ありえる
だろう
北朝鮮に
近しい中国
ロシア
そしてアメリカと
同盟関係にある
日本
韓国
大国と
アジア各国を
巻き込む
緊張の中心に
いるのが
北朝鮮の独裁者
金正恩なのである
さて
次の一手は
どうするかな

金正恩／END

独裁者コメンタリー

# 金正恩

Kim Jong-un

## 北朝鮮では覚せい剤に彼の名前がつく

1984年生まれ。2011年、父・金正日総書記の死によって北朝鮮第3代最高指導者を継承。好戦的な性格で知られ、国際社会の批判を無視し、核実験やミサイル発射を繰り返している。2009年、食糧難解消のため国民全員に150日間の農作業を強いる「150日戦闘」を実施するが失敗。さらに、平壌市10万世帯建設もとん挫し、不況に拍車をかけたが、自身は趣味のマリンスポーツに興じていたことが露呈し、国際的な非難を浴びる。現在、財政の資金源は麻薬の密輸と噂され、売人たちは覚せい剤を「金正恩1号」と呼び、取引をおこなっている。

主体思想塔から平壌市内を見下ろした写真。金日成の70歳の誕生日記念で建てられた主体思想塔は、高さ170メートルで、1982年に完成している。

### 金正恩の独裁者DATA

| | |
|---|---|
| 独裁度 | 5/5 |
| カリスマ性 | 3/5 |
| 頭脳 | 3/5 |
| 残酷度 | 3/5 |
| 政治手腕 | 3/5 |
| 民衆支持 | 2/5 |

現代の独裁者②

# ドナルド・ジョン・トランプ

アメリカ

差別、暴言当たり前の第45代アメリカ大統領

## ドナルド・ジョン・トランプ

Donald John Trump　㊓ 1946年〜

2016年の大統領選では有力候補と見なされていなかったが、ヒラリーとの決選投票に勝利。まさかの大統領就任を果たす。世界の不動産王として知られるこの男の強烈な生きざまに迫る。

マンガ&イラスト　徳光 康之

他の国など知ったことではない
偉大なアメリカを取り戻すことが大切なのだ
アメリカファースト
オオオオ
いいぞトランプ
あなたこそ真のリーダーだ
TRUMP
ノーだトランプのやり方には断じてノーだ
奴はアメリカを世界を破壊する独裁者だ
NO!! TRUMP
NO!! TRUMP
STOP TRUMP
NO
NOT MY PRESIDENT

第45代 アメリカ合衆国大統領 ドナルド・トランプ
過激な政策を掲げて 熱烈な支持者を得た一方 「暴君」「独裁者」とも言われる この男の目的とは？ そして いかなる人生を歩んできたのか？
ドナルド・トランプは 1946年に 不動産業を営む 父フレッドと母メアリの 間に誕生
少年時代のトランプは いわゆるガキ大将だった
いたずらや ケンカに 明け暮れ
小学校2年生のときには 音楽教師にパンチを お見舞いしている
音楽のことなんて わからないくせに 偉そうにするな
ふぎゃー
「小さなころから 非常に 強引なやり方で 自分の考えを わからせる傾向に あった」と 自著の中で 語っている

フォーダム大学を経て
ペンシルベニア大学
ウォートン校に編入
卒業後は
父親が経営する
不動産会社に
就職
入社したばかりの
トランプは
先輩社員と
家賃の催促へ行った
家賃の回収に
きました
開けてください
ココン
101
なぜ
ドアの正面に
立たないんだ
ああ
こうすれば
いきなり銃で
撃たれても
ケガするのは
手だけで
すむからな
これだけの
危険を冒しても
利益はたいした
ことない
俺は
もっと
派手に
稼いでやる
そんな野望を
胸に秘めていた
トランプに
チャンスが
舞い込む
1971年 父親から
経営権を
譲り受けたのだ
ウォーター
フロントの土地の
購入&売却で
80万ドル以上の
利益を出したのを
皮切りに
グランド・
ハイアットを建設
年間3000万ドルを
稼ぐ大人気ホテル
にする
HYATT

そして トランプの代名詞ともいうべきビル トランプ・タワーを建設 入居希望者が殺到した
ドォオオオ
こんなド派手なビルは俺にしか建てられまい
そんなトランプが大統領選挙に共和党からの出馬を表明したのは2015年のこと
Make America Great Again!
私がアメリカを変えてみせる
MAKE AMERICA GREAT AGAIN
トランプが選挙に出る? 2000年にも出馬したよな
結果は惨敗 ま 今回も同じだろう
トランプは敗北する 誰もがそう思っていた
だが

貧しい白人層は減税する
仕事を奪う移民は追放
日本人に軍事費を払わせる
中国商品は関税率を大幅アップ
ゴゴゴゴ
といった過激な公約の多くが人々から支持を集め
民主党候補のヒラリーを下し大統領選に勝利したのだ
行きすぎたビジョンと暴言を繰り返すトランプにメディアは大バッシング
それに対しトランプは
お前のトコの新聞は嘘ばかり書く

お前も
お前も
フェイク
メディア
は
全員
出入り
禁止だ
さらに
メキシコ
国境に
壁を作る
TPP
からの
離脱
中東と
アフリカからの
入国一時禁止
地球温暖化対策を
目的とする規制の
見直し
といった
大統領令を
就任わずか
100日あまりで
32回出している
大統領令が
多すぎる
オバマでも
8年で19回
子ブッシュですら
11回なんだぞ!
法治国家
アメリカでは
「独裁者」は
生まれにくいが
メディアへの圧力
大統領令という
「鶴の一声」の
多発は
独裁政権と
呼ばれても
致し方ない
だろう
北朝鮮との
緊張も
高まる今
アメリカ
だけでなく
世界の行く末が
この男の
やり方に
かかって
いるのである

ドナルド・トランプ/END

独裁者コメンタリー

# ドナルド・トランプ

Donald John Trump

## 超リッチな不動産王は娘もゴージャス

１９４６年、ニューヨーク生まれ。２０１７年1月、アメリカ合衆国第45代大統領に就任。個人資産１００億ドルを超える不動産王でもあり、勝つまで信念を曲げないビジネス理論は、大統領就任後も継承している。過激な言動は国内外で物議を醸し、選挙中のロシアの介入を巡る疑惑について追及するＦＢＩの前長官ジェームズ・コミーの解任劇については、その真偽も合わせ国際社会に注視されている。一方、クリント・イーストウッドなど有名人の支持者も多い。さらに、モデルで実業家の娘・イヴァンカはドナルドの最終兵器と呼ばれ、動向が注目されている。

アメリカはニューヨークにあるトランプタワー。トランプはこの他にも、トランププラザなど、自身の名を冠した建造物を数多く所有している。

### ドナルド・トランプの独裁者DATA

| | | | |
|---|---|---|---|
| 独裁度 | ●●●●○ | 残酷度 | ●○○○○ |
| カリスマ性 | ●●○○○ | 政治手腕 | ●●○○○ |
| 頭脳 | ●●●●● | 民衆支持 | ●●●○○ |

現代の独裁者③

# レジェップ・タイイップ・エルドアン

トルコ

## 情報遮断と粛清を繰り返すトルコ大統領

### レジェップ・タイイップ・エルドアン

Recep Tayyip Erdogan　㊐ 1954年～

大の親日国として知られるトルコで独裁を敷く大統領。メディア弾圧や情報封鎖など強引なやり方で多くの反発を招く一方、トルコの経済を大きく成長させたと評価する向きもある。

マンガ&イラスト　高樹 はいど

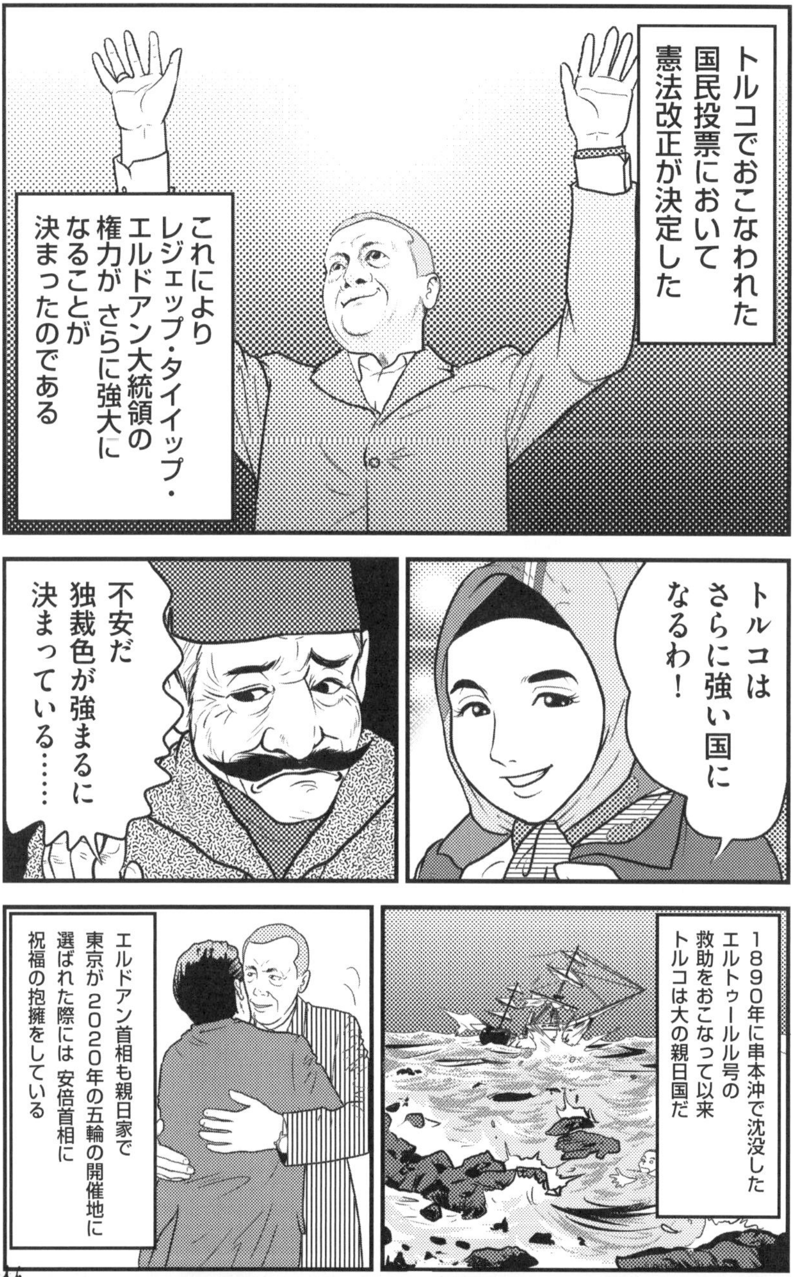

トルコでおこなわれた国民投票において憲法改正が決定した
これによりレジェップ・タイイップ・エルドアン大統領の権力が さらに強大になることが決まったのである
トルコはさらに強い国になるわ！
不安だ独裁色が強まるに決まっている……
1890年に串本沖で沈没したエルトゥール号の救助をおこなって以来トルコは大の親日国だ
エルドアン首相も親日家で東京が 2020年の五輪の開催地に選ばれた際には 安倍首相に祝福の抱擁をしている

エルドアンは1954年にイスタンブールのカスムパシャ地区に生まれた
同地区は非エリート層が多く住む場所
治安は決してよくはなく団結して犯罪に備える
住民たちには保守的な考えを持つ者が多い
私はブラック・テュルク（黒いトルコ人）だ
とたびたび発言している
ブラック・テュルクとは貧困にあえぎ保守的で信仰心があつい労働者層のことである
エルドアンはイスラム教の導師説教師を養成するイマーム・ハティップ学校に入学
エルドアンは何をやっても優秀だな
在学中は成績優秀
サッカーなどスポーツでも活躍した

卒業後は
マルマラ大学に入学
在学中に親イスラムの
国民救済党に入党
している
1980年トルコで起きた
クーデターによって
国民救済党は
解党となるが
国民救済党の
党首だった
エルバカン氏と
共に
あることこそ
私の進むべき道だ
エルバカン率いる
福祉党に入党
着々と党内での
地位を高めていった
エルドアン
キミこそ
わが福祉党の
将来の希望だ
ああ
私は必ず期待に
応えてみせるよ
1987年
1989年
1991年と
続けて落選するも
1994年
40歳でイスタンブールの
市長選に勝利
カスムパシャ
出身の
市長が
誕生したぞ
私たちの
タイイップ!

労働者の街をルーツにする
エルドアンは
低中所得層からの
圧倒的な支持を集めた
市長 あなたを
扇動罪で
逮捕します
1997年 演説内容が
イスラム原理主義の
扇動にあたるとして逮捕
2年後に
刑務所に
収監され
公民権も
はく奪
されている
しかし エルドアンの
勢いは衰えなかった
2001年に
公正発展党を結成すると
同党は2002年に単独与党となる

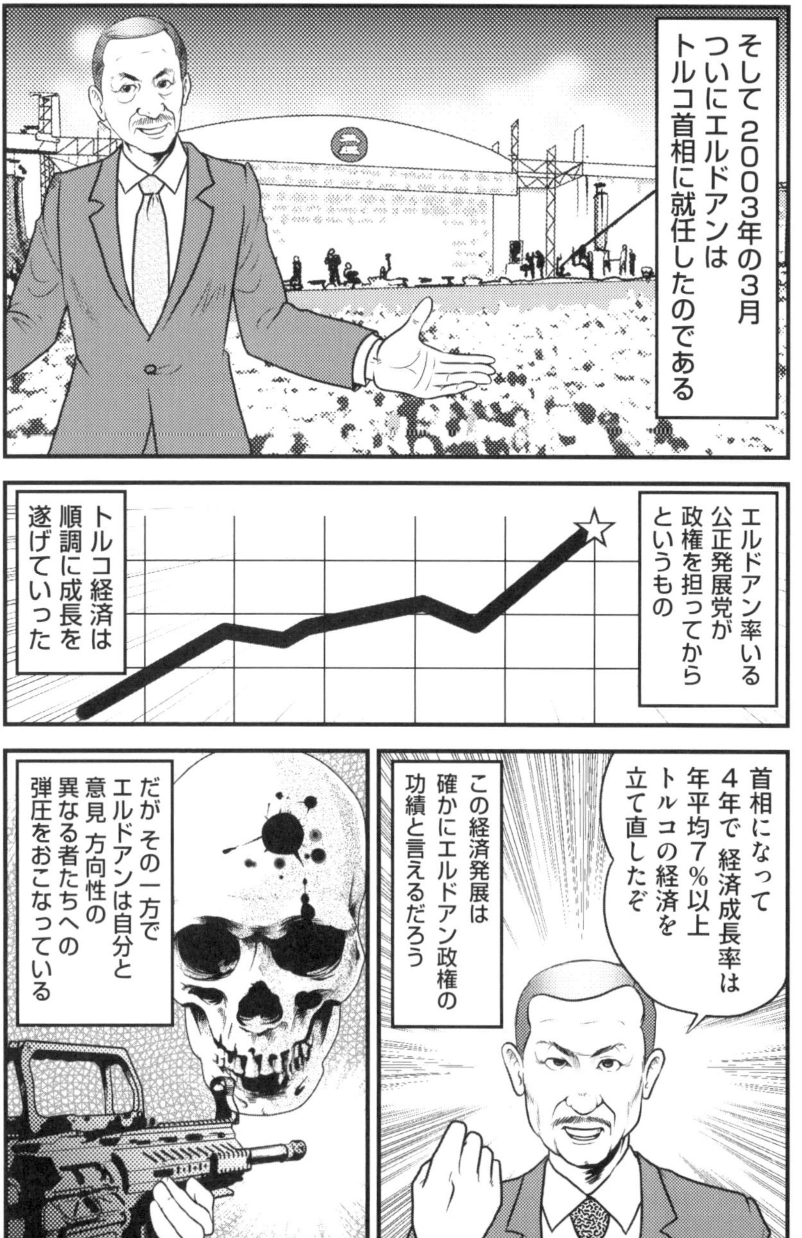
そして2003年の3月ついにエルドアンはトルコ首相に就任したのである
エルドアン率いる公正発展党が政権を担ってからというもの
トルコ経済は順調に成長を遂げていった
首相になって4年で 経済成長率は年平均7％以上トルコの経済を立て直したぞ
この経済発展は確かにエルドアン政権の功績と言えるだろう
だが その一方でエルドアンは自分と意見 方向性の異なる者たちへの弾圧をおこなっている

2013年
公園の再開発に
反対するデモ隊を
武力で鎮圧
2014年
国内最大発行部数を誇る
新聞「ザマン」の編集長らを
逮捕して言論弾圧
2016年
クーデター未遂事件の
黒幕を かつての仲間だった
フェトフッラー・ギュレンに
よるものと断定
数万人規模で粛清した
さらには ツイッターや
ウィキペディアの禁止など
情報を遮断する
という暴挙にも出ている
少しでも逆らおうものなら
ヤツは
反逆者だ
即刻逮捕せよ
彼の独裁の恐怖は
まだまだ始まったばかり
なのかもしれない

独裁者コメンタリー

# レジェップ・タイイップ・エルドアン

Recep Tayyip Erdogan

## 今もなお着々と独裁色を強める男

1954年、イスタンブール生まれ。2003年にトルコ共和国第59代首相に就任すると、出身地のカスムパシャなど治安の悪い地区に低所得者層向けの住宅を建築し、サッカースタジアムを改装。さらに、女性兵士のスカーフ着用を容認し、国民の高い支持を得る。しかし、夜間のアルコール販売禁止令が国民の反感を買い、以降は人権侵害、首相権限の増幅など独裁者として豹変してしまう。2017年5月、トランプ大統領が会談で「テロとの戦いの鍵となる味方だ」と賞賛したことで、米トルコ大使館近辺で衝突が起こり11人が負傷する騒動となった。

アジアとヨーロッパの文化が融合する、世界的に人気の都市イスタンブール。エルドアンの独裁政治と、続発するテロによって、トルコを訪れる観光客は激減。

### レジェップ・タイイップ・エルドアンの独裁者DATA

| 項目 | 評価 | 項目 | 評価 |
| --- | --- | --- | --- |
| 独裁度 | 4/5 | 残酷度 | 2/5 |
| カリスマ性 | 3/5 | 政治手腕 | 4/5 |
| 頭脳 | 3/5 | 民衆支持 | 3/5 |

現代の独裁者④

# ロドリゴ・ロア・ドゥテルテ

フィリピン

## 賛否両論を巻き起こす過激すぎる麻薬撲滅策

### ロドリゴ・ロア・ドゥテルテ

Rodrigo Roa Duterte　㊐ 1945年～

超過激な政策から「フィリピンのトランプ」とも呼ばれる同国の第16代大統領。その強引な治世から彼を危険視する者が多数いる一方、「治安がよくなった」と歓迎する者も少なくない。

マンガ&イラスト　野澤 裕二

フィリピン マニラ
ある裏路地
ほら 上物だぜ
金だ……
動くな 警察だ
手入れだー
タタタタタッ
ひぃーま 待ってくれ
俺はただヤクを買いに
来ただけなんだ
ハハハ この金で
見のがして……
ドゥテルテ大統領の
命令は――
これだ!!

大統領府
閣下
各地区とも作戦は成功しております
まだまだだ！麻薬を撲滅する手段は選ばず徹底的に
これは戦争だ！
フィリピンの大統領に就任後 過激な麻薬撲滅戦争で6000人以上の死者を出しているドゥテルテ
東洋のトランプとも呼ばれるこの独裁者の素顔とは？

1945年ロドリゴ・ロア・ドゥテルテは
政治家で法律家の父と、
教師の母という厳格な
家に生まれた
生後間もなくダバオに移住
政治家ドゥテルテの
原点となる町である
素行に問題の多かった
少年ドゥテルテは2回も
高校を退学させられている
弱いものイジメする
ヤツは俺が相手だ
もうあなたを
教育することは
できない
こっちこそ
願い下げだ
しかし頭脳明晰で
行動力もあり 正義感も
強かったドゥテルテ
リセウム大学を卒業後
名門サン・ベダ法科大学院に進学
1972年 司法試験に合格
弁護士の道を歩み始める
希望をもって帰った故郷は
しかし大きく変わってしまっていた
故郷ダバオで
事務所を開こう

貧困 暴力――すべての
原因は麻薬の蔓延であった
当時は取り締まる
警察の汚職が横行していた
それらを目の当たりにした
ドゥテルテは
私が
やらねば
政治家に転身することを
決心するのだった
地元の名士の出身
たくみな話術もあり
1988年 副市長を経て
ダバオの市長に就任
愛するダバオを
クリーンに
する！
酒類の販売規制
公共の場での禁煙化
によって――
町はみるみる
美化していった
だが 裏社会は手つかずのまま
麻薬汚染は変わらなかった
そこで彼はとんでもない
ことを始めた
法で裁けないので
あれば 自らの手で
麻薬を撲滅してやる

ダバオ暗殺団（自警団）を組織
その名のとおり 麻薬の売人らを
処刑したのである さらに
ダバオ市長のころは
自ら麻薬犯罪者を
射殺した！
と明言している
そんな男が 2016年5月
大統領選に出馬
圧倒的得票数で
大統領に就任した
そしてダバオ時代同様
麻薬に死を！
裁判抜きの処刑を
始めたのである
麻薬犯罪者たちは
死を恐れるあまり
大量に自首
フィリピンの刑務所は
人であふれ返った

ドゥテルテの暴君ぶりは外国に対しても同様だった麻薬取り締まりの方法を批判したオバマ大統領に対して
地獄に落ちろ
ジャマ者め
さらにローマ法王にまで暴言を吐く始末
――かと思えば大の親日家で2016年10月の来日時には安倍首相と仲よく握手
2011年東日本大震災時にはいち早く被災者の受け入れを表明した
できることがあれば何でもする用意がある
外交面では親米から親中国へ――
中国から金を引っ張れるだけ引っ張ってフィリピンを強大な国にしてみせる
ただの暴君なのかそれとも謀略家かどちらにしろ国民の支持が集まる限り彼は止まらない
ドゥテルテ
ドゥテルテ

独裁者コメンタリー

# ロドリゴ・ロア・ドゥテルテ

Rodrigo Roa Duterte

## 超法規的死刑処分という名の劇薬の効果は？

1945年、フィリピンで法律家の子として生まれる。ダバオ市長を経て、2016年、フィリピン共和国第16代大統領に就任。フィリピンは、観光地・セブ島に至るまで麻薬が蔓延しており、中毒者による事件が多発。そこで中毒患者に対し超法規的な死刑処分を行い、撲滅に尽力する。これを過激とする意見もある中、中国訪問の際にガムを噛みながら調印式に参加。オバマ前大統領に「売春婦の息子め」「地獄へ落ちろ」など過激な発言を連発し、国際的非難を受けることに。一方、国民の支持率は高く、初来日の際は在日フィリピン人から熱烈な歓迎を受けた。

ドゥテルテのルーツの地であるダバオ。フィリピンといえばマニラやセブ島が有名だが、実はダバオは人口150万人を抱える大都市である。

### ロドリゴ・ロア・ドゥテルテの独裁者DATA

| | | | |
|---|---|---|---|
| 独裁度 | ●●●●○ | 残酷度 | ●●●●○ |
| カリスマ性 | ●●●●○ | 政治手腕 | ●●○○○ |
| 頭脳 | ●●○○○ | 民衆支持 | ●●●●○ |

COLUMN

源頼朝と則天武后《そくてんぶこう》

# 驚がく！　身内をも狙った独裁者たち

## 玉座のためだけに弟や我が子を冷酷に抹殺！

人類に最初の文明が誕生したのが約5000年前。以来、人は国の最高権力者の座を狙い、血で血を洗う醜い戦いを重ねてきた。その中には、恐ろしい事に身内の命を奪ってまでも玉座に固執した非情な権力者も存在する。

その一人が、鎌倉幕府初代将軍・源頼朝である。頼朝と言えば、北条政子との大恋愛を成就させたことで、夫婦円満の神様としてもまつられており、独裁者のイメージは薄い。しかし、その一方で異母弟の源義経を自害させた冷酷さも有名。義経が頼朝の逆鱗に触れた理由は、源平合戦の立役者として名を馳せたことと、後白河法皇《ごしらかわほうおう》に仕官したことであるが、そもそもは玉座を奪われることを恐れた疑心暗鬼によるもの。実は、その後も源一族の約半数を粛清している。

さらに恐ろしいのが、子殺しである。中国唯一の女帝・則天武后《そくてんぶこう》は、美人で頭が切れ、おまけに冷酷な女独裁者として有名。元は唐の太宗《たいそう》の後宮であったが、太宗が崩御すると継承者である高宗に取り入り、巧妙な工作で皇后を死に追いやると、まんまと後釜に座った。その方法が恐ろしい。なんと生まれたばかりのわが娘を殺害し、その犯人を皇后だと吹聴したのだ。それにとどまらず、口答えをした長男を毒殺、反抗的な次男を幽閉し自殺に追いやった。さらに、実姉も殺害。愛人、無実の罪の人々を含めると10万人以上の命を奪ったと伝わる。

第2章

# 大量虐殺をおこなった独裁者

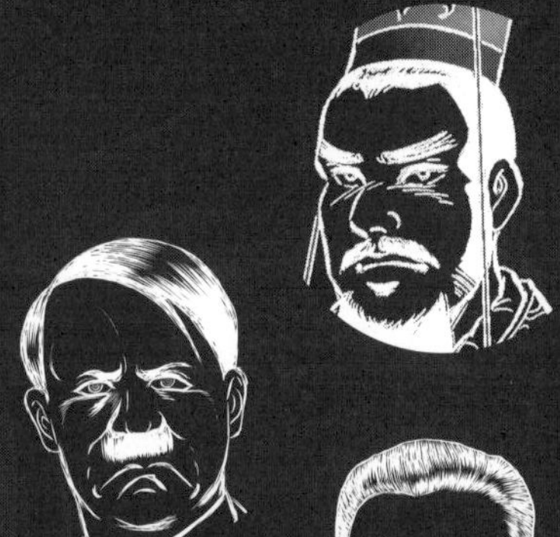

## 大量虐殺をおこなった独裁者 ①

# 始皇帝

中国

恐怖と暴力で中国を
統一した初の皇帝

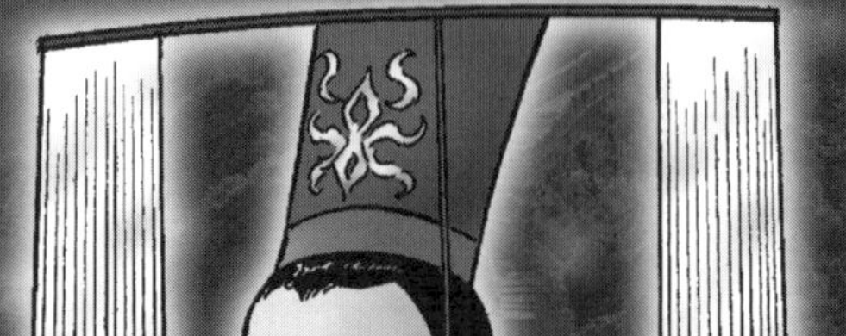

**始皇帝**（しこうてい）

First emperor of unified China ㊓ 紀元前 259 年 ㊚ 紀元前 210年

「皇帝」の歴史は、この男から始まった。圧倒的な知性と行動力、そして残虐さで広大な中国をひとつにまとめてみせた始皇帝。その生い立ちは血塗られたものであった。

マンガ&イラスト 大和 正樹

後に始皇帝となる
「政《せい》」は秦の国の皇太子
子楚《しそ》の子として
紀元前259年に生まれた
ンギャ ンギャッ
ンーッ ンー!!
よしよし 政は 元気な子じゃ
子楚
呂不韋《りょふい》
趙姫《ちょうき》
それにしても 私には 似ていないのォ 趙姫 そなたに似たのかな?
ええ きっと そうですわ
呂不韋は趙の国の人質 となっていた子楚に目をつけ あらゆる面でサポートした 商人である
誰の子であろうと 構わん わしの目的は この赤子を秦王にして 裏から操るだけだからな!
呂不韋は趙姫が子楚と 結婚する前から男女の 関係にあり 実は政は 呂不韋の子であるという 説もある

おっ 人質の子が来たぞ
秦王の皇太子とはいえ 子楚は人質の身 その子である政は虐げられて育った
人質の子 政ーっ!!
くそ…… 必ずお前らに復讐してやるからな……!
始皇帝の激しい気性は 生まれつきというだけでなく こういった苦しい経験によるものとも思われる
その後 子楚は秦王と認められて 政は秦の国へと移るが……
秦王となった子楚
あううっ 胸が苦しい……!!
秦王様!?
秦王様っ!

即位からわずか3年で
子楚が急死
当時13歳だった政が
新しい秦王となる
かようにいたそうと
思います 秦王
あいわかった
呂不韋丞相《じょうしょう》
ペコリ…
最初のうちは実権を
呂不韋に握らせていた
政だが しばらくして……
秦国はわしが
動かしているのだ
愉快だわい
ハハハ……
そうね 呂不韋
ホホホ……
ああ……
ザ…
ひいっ
せ 政っ!!
ギィ…
な 何事でござい
ますかっ!?

ふん 知れたこと お前らにはもう蜜は吸わせん 権力は俺だけが握る!!
呂不韋 お前は遠方の果てで暮らすがよい! この者を連れていけ!
はっ
おお許しを……秦王っ!!
遠方に追いやられた呂不韋は その後 無念を抱いて服毒自殺した
そして政の母太后(趙姫)も……
太后を幽閉しろ! 母のことで何か言う者は誰であろうと処刑するっ!!
ししかし 秦王 実の母君を……
政ーっ!!
処刑すると言ったはずだーっ!
ギャ――ッ!!
実際に27人の配下が処刑されている

敵をせん滅せよーっ!!
おおーっ!!
やがて政は軍隊を率いて 中国統一に乗り出した 有能であれば異国の者でも重用し 近隣国を制圧
多様な人種で構成された頑強な秦軍は他国の兵を圧倒した
そして 紀元前221年 秦は中国を統一 政は史上初の皇帝となった
人々はこれで平和になると思ったがそれは誤りだった……
北方からの襲来を防ぐ万里の長城を築けっ!!
わしが住む宮殿安《あ》房宮《ぼうきゅう》を作るのだっ!!

手をゆるめるな
働け 働けーっ!!
やめてください この者は
もう死んでおります
死人は人柱にしろとの
ご命令だ さっさと
埋めてしまえ!
ひいっ
……
こうるさい儒教者は
生き埋めにし 儒教に
関する書物はすべて
焼き払えっ!
始皇帝の最大の悪行と
言われているのが焚書坑儒《ふんしょこうじゅ》だ
これによって460名以上の
儒教者が生き埋めにされ
貴重な書物が灰になった
悪行の限りを尽くした
始皇帝は紀元前
210年に 全国を巡る
道中で生涯を閉じた
助けてくれー!
生き埋めはいやだー!
なんで俺たちまでっ
ドオオッ
そして遺体を埋める際に
関わった者たちはひとり
残らず生き埋めにされた
始皇帝の陵墓
始皇帝は最期まで
他人の命を欲しいままに
した人生であった
始皇帝／END

独裁者コメンタリー

# 始皇帝

First emperor of unified China

## 実母に子を産ませた男の一族を皆殺しにする

紀元前２５９年、秦王・子楚の子「政」として誕生。前２４７年、子楚が急逝し13歳で即位したが、宰相の呂不韋と母が愛人関係であることと、隠蔽のために呂不韋が母に嫪毐《ろうあい》という巨根の男をあてがい、秘密裏に出産していた事実を知り激怒。嫪毐を八つ裂きにし、一族全員に対し「三族皆殺しの刑」を実行。これをきっかけに恐怖政治が始まる。紀元前２２１年、敵国６カ国を滅ぼし、中国の統一に成功すると、王より高い位を意味する皇帝を制定し「始皇帝」と名乗る。紀元前２１９年から６カ国の視察を始め各地に顕彰碑を建立。晩年は自らを「現人神」と宣言する。

1974年に発見された兵馬俑。2万平方メートルという広大な敷地からは、高さ180センチ、重さ300キロの兵馬の像が、実に8000点近くも発掘された。

### 始皇帝の独裁者DATA

| | | | |
|---|---|---|---|
| 独裁度 | ●●●●○ | 残酷度 | ●●●●○ |
| カリスマ性 | ●●●○○ | 政治手腕 | ●●●●○ |
| 頭脳 | ●●●●○ | 民衆支持 | ●●○○○ |

大量虐殺をおこなった独裁者②

# アドルフ・ヒトラー

ドイツ

悪虐の限りを尽くした
独裁者の中の独裁者

## アドルフ・ヒトラー

Adolf Hitler ㊌ 1889年 ㊋ 1945年

「独裁者」の代名詞ともいえる存在が、アドルフ・ヒトラーである。ユダヤ人の大虐殺、他国への侵略など、歴史を大きくゆがめたこの男は、いかにして恐怖の独裁者となったのか。

マンガ&イラスト 徳光 康之

「独裁者」とは誰のことか世界中の人にそう問えば大多数がこの男の名を挙げるであろう
そう アドルフ・ヒトラーである
ヒトラーは1889年オーストリアのブラウナウで生まれた
少年時代は成績抜群 そして絵を描くのが大好きな子供だった
ぼくは画家になるんだ
だが ヒトラーの夢はあっけなくくだけ散る
1908年 芸術の街ウィーンに出て美術学校の試験を受けたが2回も不合格になってしまったのである
うう 腹が減った……
金が底をついたヒトラーは貧民宿泊所で寝泊まりし自分で描いた絵ハガキを売ってなんとかしのいでいた
そんなヒトラーの人生が一変する出来事が起きる
1914年 第一次世界大戦の勃発である

ヒトラーは故郷オーストリアではなくドイツ軍に志願入隊する
伝令兵として戦場を駆け抜け鉄十字勲章を授与されている
しかし
ぐああっ 目が 目がっ
毒ガスによって視力を失ったヒトラーは野戦病院で終戦を迎えた
ようやく視力が回復してきたヒトラーの目に映ったのは敗戦で混沌としたドイツの姿であった
私はこれからどんな道に進むべきなのだやはり画家かそれとも……
ん ドイツ労働者党の集会か……
政治家になることも考えていたヒトラーはその集会に何げなく参加した
……と 私は確信するものである
お見ない顔だな どうだ キミも演説してみろよ
いや 私は……
いいからいいから

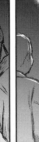

諸君 私の名はアドルフ・ヒトラー
ドイツの現状を憂う者である
ドイツはこのままでいいのか
否ッ否ッ断じて否
ドイツ労働者党こそがこれからのドイツをけん引するのだっ!!
ドイツ労働者党こそがこれからのドイツの希望なのだ!!
おおお…
オオオオオ
いいぞ！そのとおりだ
ドイツ万歳
私が求めていたのはこの高揚感なのだ
こうしてヒトラーはドイツ労働者党に入党した
ヒトラーの演説は多くの者を魅了
1921年には国家社会主義ドイツ労働者党(＝ナチ党)の党首となる
1923年ヒトラーはナチ党の党員とともにミュンヘンのビアホールに突撃した
諸君！革命の始まりだ
革命だ！革命を起こすぞ

ヒトラーは
その勢いのまま
クーデターを
起こすつもりだったが
警察に逮捕されて失敗
くっ 放せ
9カ月間
投獄される
Mein Kampf
この獄中で
口述筆記にて
出版したのが
「わが闘争」
である
仮釈放されたヒトラーは
愛国者の英雄として
迎えられた
ヒトラー
ドイツの
真の愛国者
ナチ党の党員は急増
1933年には
政権を掌握
私の独裁体制を
強固にするため
反乱分子を一掃だ
この私を
突撃隊隊長の
レームと
知っての
ことか
そのレーム隊長を
殺せとの
ヒトラー様の
ご命令です
1934年6月に起きた
通称「レーム事件」で
ヒトラーは反対派を粛清
その数は
1000人以上とも言われる
地盤を強固にしたナチ党の
党首ヒトラーは
総統に就任
すべての権力を独占する
私は
神聖ローマ帝国
ドイツ帝国に続く
第三帝国を作る
1938年
オーストリアを武力で脅し
無血併合 さらに
チェコスロバキアを分割
翌年には
ポーランドに侵攻
これにより
第二次世界大戦が勃発
ドイツが
連戦連勝だそうだ
われらのパリは大丈夫さ
他の国境はガッチリ
大戦力で固めてあるし
このアルデンヌの森を
戦車は通れない……ん？
なんだ この音は
ド ドイツの
戦車部隊だ
まさか森を
抜けてくるなんて

この奇襲により
パリを占領して
ドイツの勢いは
最高潮にあった
ゴゴゴゴ
ヒトラーは戦争と
いう邪悪な行為と
並行して
怖ろしい計画を
動かしていた
「ホロコースト」
ユダヤ人大量虐殺
である
1940年
アウシュビッツ強制収容所
連行されてきたユダヤ人は
健康な者は重労働を課され
そうでない者は……
お前らはシャワーで
消毒する
この部屋に入れ
シャワー
なんて
どこに
うぐっ
シュウウウ
ゴゴ
毒ガスで殺害するだけでなく
人体実験もおこなっている
この大量虐殺による犠牲者数は
600万人以上とも言われる
ユダヤ人の中には
富を貯えている者がいる
ドイツ人はそれを
嫉み 妬み そして憎む
だから その負の感情を
利用したまでだ
しかし この最凶最悪の
独裁者の勢いに陰りが
見え始める
1943年 ドイツは
スターリングラードで
ソ連に大敗
同年
同盟関係にあった
イタリアが降伏
そして翌年
総統!
ノルマンディー
から上陸した
連合軍によって
パリが
奪われました
くそうっ!

アドルフ・ヒトラー／END

独裁者コメンタリー

# アドルフ・ヒトラー

Adolf Hitler

## ヒトラーはユダヤ人という説もあるが……

1889年、オーストリアにて誕生。国家社会主義ドイツ労働者党（ナチ党）の指導者を経て、1933年にドイツ国首相に就任。政敵を粛清し、ユダヤ人の大虐殺を強行した。ヒトラーの出生に不明点が多かったため、当時、本人もユダヤ人ではないかと噂されたが、顧問弁護士の調査により否定された。独裁者と恐れられる一方、天才的な演説力を武器に、世界恐慌の犠牲となっていたドイツ国民を奮起させ、経済復興を成し遂げた。演説の際は、言葉の抑揚、身振り手振りまで計算。右手を掲げて叫ぶ「ジークハイル」コールが決まると傍聴者全員が熱狂した。

大量のユダヤ人が虐殺されたアウシュビッツ強制収容所。この場所ではユダヤ人以外の民族も殺され、また、非人道的な人体実験がおこなわれた。

### アドルフ・ヒトラーの独裁者DATA

| | | | |
|---|---|---|---|
| 独裁度 | ●●●●● | 残酷度 | ●●●●● |
| カリスマ性 | ●●●●○ | 政治手腕 | ●●○○○ |
| 頭脳 | ●●○○○ | 民衆支持 | ●●●●○ |

大量虐殺をおこなった独裁者③

# ヨシフ・スターリン

ロシア

## 革命を目指した男が行きついた大粛清

### ヨシフ・スターリン

Joseph Stalin　㊓ 1878年　㊜ 1958年

ソ連を牛耳ったグルジア出身の独裁者スターリン。ロシア革命でレーニンを支持して地位を高めると、反対派の粛清など闇の顔を露わにした。著書に「レーニン主義の諸問題」など。

マンガ&イラスト　野澤 裕二

「大粛清」
その犠牲者は200万人
一説には2000万人とも
言われている
愚かなことだ
この私に従ってさえ
いればよかったものを……
人類史に残る大量虐殺を
おこなった男の名は——
ヨシフ・スターリンという

1878年 スターリンは
グルジアで生まれた
神学校では優秀な生徒だった
当時のロシアはロマノフ王朝の
圧政によって民衆の不満が
うっ積していた
このままではロシアに
明日は来ない
少年スターリンが革命運動に
身を投じたのは当然の成り
ゆきだったのかもしれない
スターリンの行動は
過激だった
活動費を得るため
強盗だー
この金は革命のために
使わせてもらうぞ!
1912年 レーニン率いる
ボリシェヴィキ党に参加
その後 彼の考えの基礎となる
「マルクス主義と民族問題」を
執筆して発表
党内での地位を
築いていった

1917年 第一次世界大戦を機に
ロシア革命が勃発
300年続いた帝政ロシアは
崩壊した
1922年 権力の座についたのが
ボリシェヴィキ党の
レーニンであった
ソビエト社会主義共和国
連邦の誕生である
しかしわずか2年後
体制の完成を見ずに
レーニンが死去
おお 同志よ
このときレーニンの遺書には
「スターリンを後継者にする
のは危険である」と記され
ていたという
レーニンはこの男の
本性が見えていたのかも
しれない

トロツキーは同志
レーニンをあざむいて
いた証拠もある
スターリン
閣下の命令だ
ナゼ
スターリンは盗聴器をしかけ
各党員の弱みを握って脅し
謀略の限りを尽くして 権力を
手中に収めたのであった
そのやり方に反発や
不満を募らせる勢力
も多かったという
そのため
反対
スターリン
やめろ
社会主義
レーニン思想に
反対する者は
この国にいらぬ！
「粛清」が始まった
パンパンパン

政権の基盤が整うと
次にソ連の工業化を
推し進めた
数字上は経済力が
向上したソ連だが
実情は悲惨な
ものだった
物資不足を補うため
農家から農具（鉄）を
強制徴収
俺たちはどうやって
作物を作りゃ
いいんだ！
返せ
返せ！
うるさい
命令だ！
反対する農民は
容赦なく弾圧された
逮捕者数40万人以上
2万人以上が殺害され
生産性の急落から
1000万人の死者が
出たと言われる
さらに山岳民族の虐殺
強制労働 第二次世界大戦時の
無理な領土拡大 略奪
ソ連の暗黒時代は20年以上続いた

1950年代に入ると
スターリンは
悪夢にうなされる
ようになった
うっ……くっ……
うう……
お前が死ぬ番だ～
地獄へ来い～
うぎゃー
1953年 スターリンは
脳出血により死去
ソ連の大地を流血で
染めた独裁者の死後
民衆たちはようやく
本音を言えるようになった
「スターリンは英雄ではなく
死と恐怖で
ソ連を混乱させた
独裁者だった」と

独裁者コメンタリー

# ヨシフ・スターリン

Joseph Stalin

## 極貧生活を脱してソ連トップになるも……

1878年、グルジア地方の貧しい靴職人の三男として誕生。2人の兄は死に、酒飲みの父も家出したため、母の愛情に応えるべく勉学に励んで奨学金を獲得。極貧生活を耐え抜いた。15歳でマルクス主義を唱える革命運動に参加。活動資金を得るため、強盗や銀行の現金輸送車の襲撃などを繰り返す。その間、8回逮捕されたが、脱獄が得意だったため、7回の脱獄に成功している。1924年、ソビエト連邦最高指導者となると、農民の財産を没収する5カ年計画を強行し、深刻な食糧難を引き起こし多数の餓死者を出す。1953年、脳卒中で死去。享年74。

スターリンの故郷グルジアのゴリにあるスターリン像。いまだ堂々と立つ独裁者の像は、グルジアの人々にどのような思いを抱かせるのか。

### ヨシフ・スターリンの独裁者DATA

| | |
|---|---|
| 独裁度 | ●●●●○ |
| カリスマ性 | ●●●●○ |
| 頭脳 | ●●●○○ |
| 残酷度 | ●●●●○ |
| 政治手腕 | ●●●○○ |
| 民衆支持 | ●●●○○ |

大量虐殺をおこなった独裁者 ④

# ポル・ポト

カンボジア

メガネをかけている
だけで殺される恐怖時代

## ポル・ポト

Pol Pot　㊐ 1925年　㊍ 1998年

ポル・ポトがカンボジアにもたらしたのは、平和でも幸福でもなく、血にまみれた暗黒の歴史であった。フランス留学も果たしたインテリは、いかにして独裁者になったのか？

マンガ&イラスト　徳光 康之

カンボジア
現在――
ゲーッ
大丈夫？
飲みすぎですよ
ほっといてくれ
よその国の者に
わかるものか
ワシは……ワシらは
酔って忘れたい
んじゃ
忘れる？
何をです？
地獄じゃ
ポル・ポトが
カンボジアを
支配した
死と血に
まみれた
暗黒の４年間
あれは
この世の
地獄
だった…
カンボジアを
恐怖に陥れた
ポル・ポトは
1925年(1928年とも)に
裕福な農家に生まれた
本名はサロット・サル

とても礼儀正しく
ケンカなどを好まない
穏やかな性格だった
サロットはいつも
おとなしいよな
そうですか
普通だと
思いますよ
そんなポル・ポトが
急変するのは1949年の
パリ留学で
共産主義に
ふれたことが
きっかけだった
共産主義こそが
理想の社会を作る
われわれは革命を
起こすぞ！
共産主義は
なんて
素晴らしい
んだ！
カンボジアに戻った
ポル・ポトは
教師の職に就き
パリで出会った
キュー・ポナリーと
結婚
理想的な人生を
歩んでいるように
見えたが
コンコン
遅いぞ
コードネーム
「ポル・ポト」

待たせたな
クメール・ルージュの
諸君
革命の準備は
できているかね
クメール・ルージュは
反政府左翼組織
そうポル・ポトは
教師と革命家の
二足のわらじを
履いていたのである
長らく地下活動を
続けていたポル・ポトは
1970年の軍事クーデターを
きっかけに諸国から援助を受け
積極的に軍事行動に出る
ゴ
ゴ
ゴ
そして1975年
首都プノンペンを
陥落させて
政権を奪取
われわれの勝ちだ!
翌年
ポル・ポトが
新政権の首相に
就任
50万人も死んだ
内戦が終わったぞ
ポル・ポトの
おかげだ
ありがとう
クメール・ルージュ
ポル・ポトと
クメール・ルージュは
市民から熱烈に
歓迎された
「これでカンボジアは
平和になる」
誰しもが
そう思っていた
しかし

カンボジアが目指すのは原始共産主義である
資本主義的なものはすべて排除する
原始共産主義とは農業によって完全自給自足し収穫物は平等に分け合うというもの
プノンペン市民は農村へ強制移住強制労働させられた
通貨廃止財産没収
娯楽 宗教恋愛も禁止
この極端な政策によってかえって農作物の収穫量は減少多くの餓死者を出したがポル・ポトは信念を曲げなかった
これと並行して虐殺が始まる
われわれ以外のインテリ層は反政府活動をおこなうに違いない
今のうちに全員粛清するのだ
優遇措置とは何です?
教師 学者医師 技術者はこちらに集まるように特別に政府が優遇措置を取る

えっ
何をする気だ
優遇措置だ
よし次だ
さらには
ややめてください私が何をしたんです
メガネをかけている者はインテリに違いないから殺せ
それがポル・ポト様からの命令だ
パンッ
強制収容所送りにされる者もいた
「S21」と呼ばれたこの施設での拷問で約1万4000人以上が殺されている

これら大虐殺の犠牲者数は一説には200万人以上と言われている
飢えや病気の犠牲者を加えれば死者の数は大幅に増加することだろう
ポル・ポト政権は誕生から3年8カ月後にベトナムの協力を得た反政府組織によって倒された
これで地獄が終わる……
だがポル・ポトはジャングルに潜み
死ぬまでゲリラ活動を続けた
私は理想の
理想の国を作…
1998年ポル・ポト死去
ポル・ポトの「理想郷」が残したのは多くの血と骨そして600万個とも言われる地雷であった

ポル・ポト／END

独裁者コメンタリー

# ポル・ポト

Pol Pot

## 日本人カメラマンも ポル・ポト体制の毒牙に

1925年、カンボジアの農家に生まれる。反政府左翼組織クメール・ルージュのリーダーを経て、1975年に首相就任。原始共産主義を理想とし、手始めに都市部の約400万人を田舎の農場に強制移住させた。その際、車の利用を禁じたため、妊婦、病人、高齢者など多くの犠牲者を生んだ。また、知識層大虐殺の裏で、反乱の恐れのない少年兵を重用。任期中の4年弱で国民の85%を14歳以下にしてしまう。そんな情勢を伝えるため、日本人カメラマンの一ノ瀬泰造が単身アンコールワットに潜入するが、後に遺体で発見されるという悲しい事件も起きた。

ポル・ポトの命令によって大量虐殺がおこなわれた場所（キリングフィールド）からは、おびただしい数の人骨が発掘されている。

### ポル・ポトの独裁者DATA

| | | | |
|---|---|---|---|
| 独裁度 | ●●●●○ | 残酷度 | ●●●●● |
| カリスマ性 | ●●●○○ | 政治手腕 | ●●○○○ |
| 頭脳 | ●●●●○ | 民衆支持 | ●●○○○ |

## 大量虐殺をおこなった独裁者⑤

# イディ・アミン

ウガンダ

どこまでも強く残虐な
通称「黒いヒトラー」

## イディ・アミン

Idi Amin　㊐ 1925年　㊏ 2003年

黒人独裁者の代表的な存在といえば、「黒いヒトラー」とも呼ばれたウガンダのアミンだろう。プロレスラーのような巨体と、野獣のごときどう猛な性格の持ち主である。

マンガ&イラスト　徳光 康之

赤道直下の国
ウガンダ
この国の
独裁者だった
のが
「人食い大統領」
と恐れられた
イディ・
アミンである
アミンは
1925年生まれ
（1928年とも）
小学校を
中退したアミンは
イギリスの
植民地軍に
志願入隊する
18歳に
なるころには
身長
約2メートル
100キロを超す
巨漢に
なっていた

体格に恵まれて
ボクシングで
ウガンダ王者に
なっている
また
白人だけの
ラグビーチームに
ただ1人黒人選手と
して選ばれたという
うぐぐ……
くくく
無敵だぜ
俺は
注目を集めるように
なったアミンは
正規兵として
採用される
そして1952年
ケニアで起きた
「マウマウの乱」で
戦場に立つ
キクユ族どもめ
このアミンが
相手だーっ
つ強すぎる
バケモノだ
ははは
この程度か
キクユ族
敵兵が
恐れたのは
アミンの
戦闘能力だけ
ではない

ある村で武器狩りをした際には
ゴゴゴ
ぶ 武器はこれで全部です
ゴゴゴ
嘘をつくとナニを斬り落とすぞ
ゴゴゴ
本当にありません
この俺にシラを切るのか
いい根性してるじゃねーかッ
ギャーッ
マウマウの乱を勝利に導いたアミンはウガンダの英雄と讃えられる

1962年 ウガンダは イギリスから独立
アミンくん この独立は キミのおかげだ これからも 頼むよ
ええ やってやりますよ 徹底的にね オボテ首相
しかし オボテとアミンの 蜜月は長くは 続かなかった オボテ首相が 日ごとに強大になる アミンの権力を 恐れたのである
なにぃ! この俺から 指揮権を はく奪するだと
オボテめ 俺をナメたツケを 払わせてやるぞ
1971年アミンは 部下を率いて クーデターを 起こす
経済 治安ともに 悪化していた オボテ政権に不満を 持っていた民衆や 諸国の支援を受け クーデターは成功
名実ともに ウガンダのトップに 立ったアミンが まずやったことは 反対派を徹底的に 弾圧することだった
俺に 逆らう者は殺せ 1人も残らず 皆殺しだ

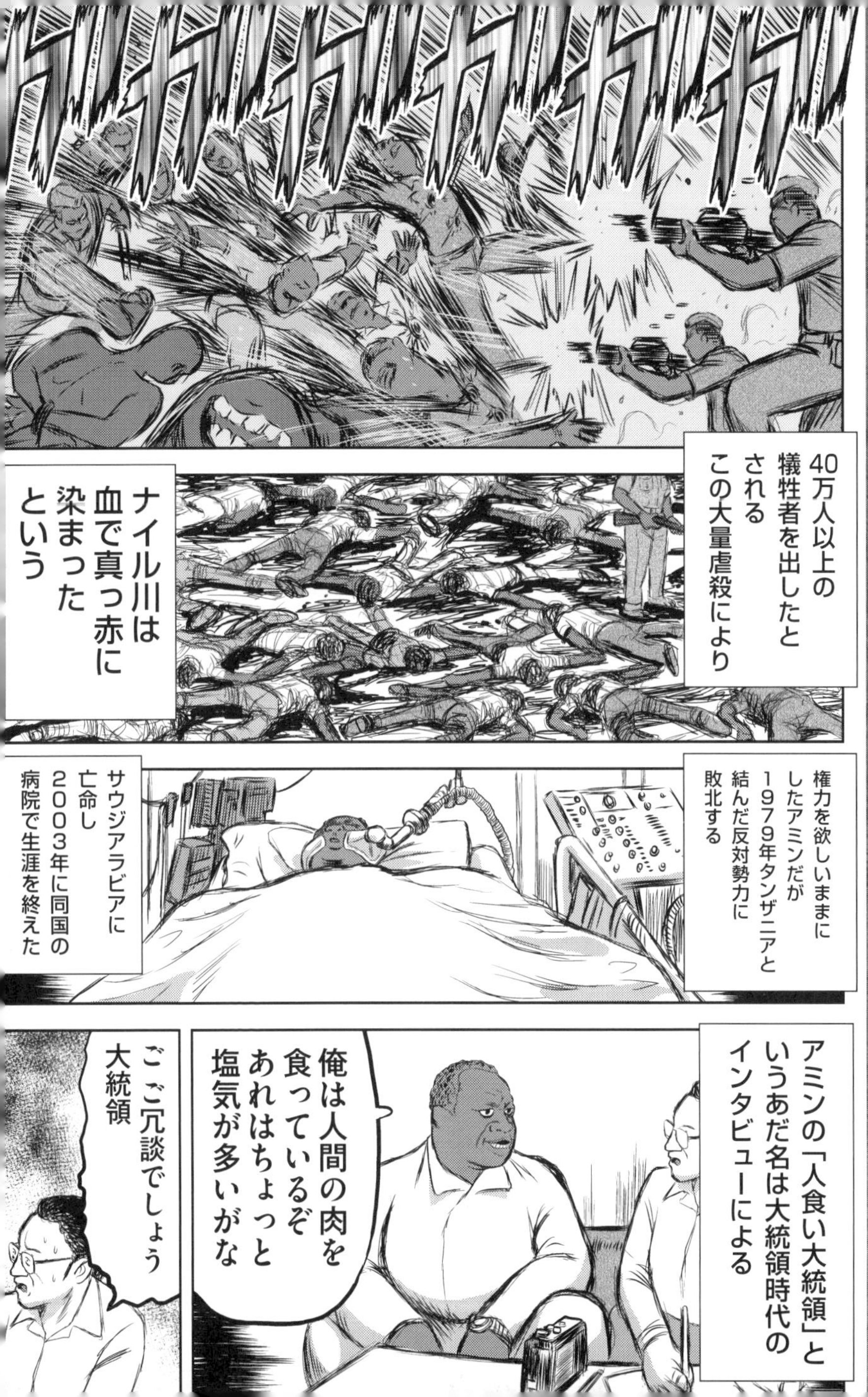
40万人以上の犠牲者を出したとされるこの大量虐殺により
ナイル川は血で真っ赤に染まったという
権力を欲しいままにしたアミンだが1979年タンザニアと結んだ反対勢力に敗北する
サウジアラビアに亡命し2003年に同国の病院で生涯を終えた
アミンの「人食い大統領」というあだ名は大統領時代のインタビューによる
俺は人間の肉を食っているぞ あれはちょっと塩気が多いがな
ごご冗談でしょう大統領

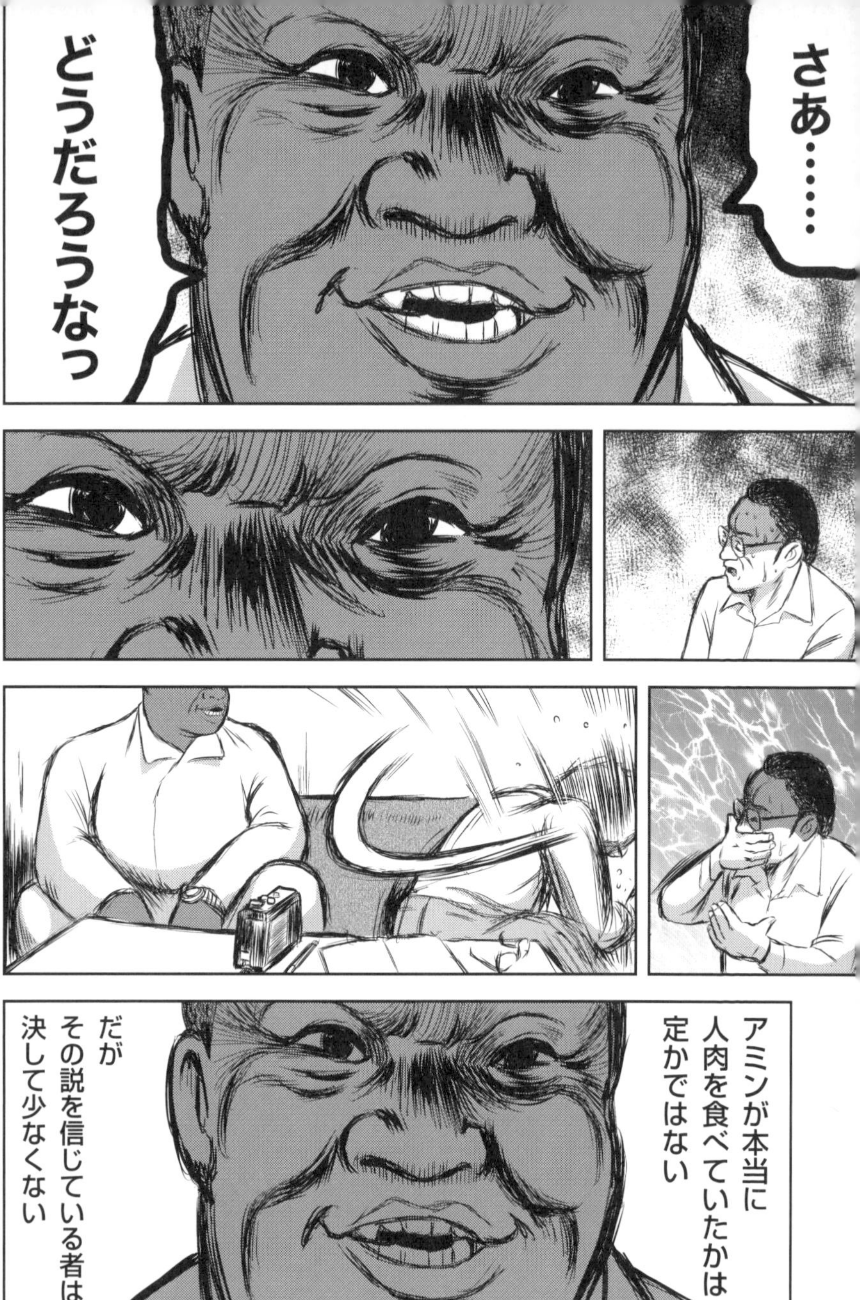
さあ……
どうだろうなっ
アミンが本当に人肉を食べていたかは定かではない
だがその説を信じている者は決して少なくない

イディ・アミン／ END

独裁者コメンタリー

# イディ・アミン

Idi Amin

## アントニオ猪木との世紀の一戦は幻に

１９２５年、ウガンダのコボコで誕生（諸説あり）。１９７１年にウガンダ第３代大統領に就任。40万人に対し理不尽で残酷な大粛清をおこない、突飛な発言で混乱を招いた。中でも「夢のお告げ」によってアジア商人を追放し深刻なインフレを招いた上に「金がないなら新札を刷れ」という迷言は有名である。しかし、独裁者として恐れられる一方、元ボクシングのヘビー級チャンピオンであったことから英雄視する声も。昭和54年、プロレスブームに沸く日本で、アミンとアントニオ猪木氏の試合が発表されたが、失脚に伴い幻の大一番に終わった。

アミンの時代に比べて、格段に平和になったウガンダ。日本人には平和が普通のことだが、ウガンダ国民にとっては大変に貴重な日々であるのだ。

### イディ・アミンの独裁者DATA

| | | | |
|---|---|---|---|
| 独裁度 | ●●●●○ | 残酷度 | ●●●●● |
| カリスマ性 | ●●●●○ | 政治手腕 | ●●○○○ |
| 頭脳 | ●●○○○ | 民衆支持 | ●●●●○ |

COLUMN

カエサルとカストロ

# 人々から尊敬されていた独裁者たち

## 死を望まれたほどの独裁者も善人の顔がある

独裁者と呼ばれる者が、全て冷血漢とは限らない。一部には脅威の対象でも、自国では愛された人物もいるのだ。

「ブルータス、お前もか！」の名言で知られる古代ローマの政治家・カエサルがその筆頭。ローマ市民の憎悪の対象となった彼の、壮絶な暗殺劇を描いたシェイクスピアの戯曲「ジュリアス・シーザー」の印象が強いが、終身独裁官となっても虐殺を命じたことは一切なかった。

また、優れた文学者としても知られ、紀元前58年のガリア戦争を描いた「ガリア戦記」をはじめ、ローマ内戦の記録をつづった「内乱記」も名書として名高い。

また名言も多く、暗殺の際に漏らした先述の台詞の他「賽は投げられた」「来た、見た、勝った」等は、現在もしばしば引用されている。

また、キューバの革命指導家であるフィデル・カストロ首相も、２０１６年に死去した際にはお祭り騒ぎになるほどの憎き独裁者として知られた人物。キューバ在住のアメリカ人の資産を没収。経済を破たんさせ１００万人以上の国民を難民にした罪に問われているが、一方、その功績は賞賛されている。貧しい子供にも教育を受けさせるために教育費を無料にし、医療費も無料化。国家の発展に貢献したとして２００１年にはノーベル平和賞の候補になった。また地球温暖化問題に積極的に挑み、環境保護に取り組んでいたことも知られている。

# 第3章

# 恐怖と死で支配した独裁者

恐怖と死で支配した独裁者①

# 足利義教

日本

## くじ引きで選ばれた室町幕府の第六代将軍

### 足利 義教

Yoshinori Ashikaga　㊀ 1394年　㊉ 1441年

足利尊氏によって創設された室町幕府。その第六代目の将軍にあたるのが、足利義教である。教科書などではあまり扱われることのない将軍だが、実はとてつもない闇を抱えていた。

マンガ&イラスト　野澤 裕二

足利義教《あしかがよしのり》は「くじ引き将軍」と呼ばれる その名のとおり室町幕府第六代将軍の座をくじ引きで得たからである
1425年 第五代将軍足利義量《よしのり》が世継ぎのないまま死去――
しばらくは足利義持《よしもち》（義量の父）が政務をになっていたが病床に伏してしまう
このままでは政務が滞ってしまう
早く次期将軍を決めねば……しかし
どのように決めても遺恨は残る 分裂だけは避けなければ
長い協議の結果出された結論がくじ引きによる決定であった

〝神の裁量〟の元に次の将軍を決定いたしまする
次の将軍は青蓮院《しょうれんいん》義円《ぎえん》（後の足利義教）殿と決まりました
私のような者でよろしいのですか
義教は1394年三代将軍義満《よしみつ》の息子として生を受けたが家督争いを避けるため仏門に入れられていた
これで将軍家も安泰じゃ
長らく仏門におられた方慈悲の深い素晴らしき将軍となりましょう
このときはまだ誰も義教の本当の姿を知らなかった

将軍に就任後
義教の館 新築中のこと
しっかり持てよー
ボギッ
おい もっと大切に扱わぬか！
!!
これは将軍様 お見苦しいところを
切腹せよ
は？
2度もワシの口をわずらわすでない
切腹じゃ
木の枝を折った
それだけの理由で2人が切腹
3人が追放 3人が投獄された
義教による
恐怖政治の
始まりだった

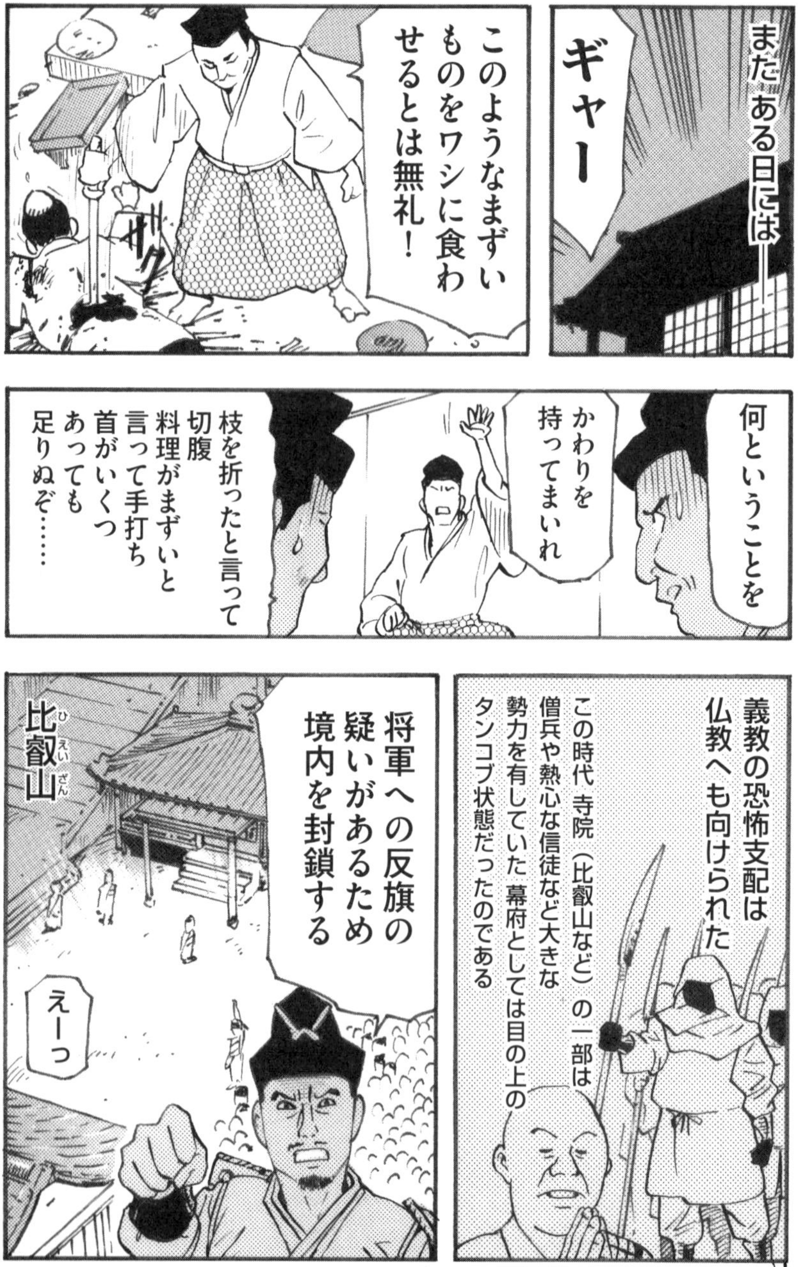

まだ ある日には――
ギャー
このようなまずいものをワシに食わせるとは無礼！
何ということを
かわりを持ってまいれ
枝を折ったと言って切腹 料理がまずいと言って手打ち 首がいくつあっても足りぬぞ……
義教の恐怖支配は仏教へも向けられた
この時代 寺院（比叡山など）の一部は僧兵や熱心な信徒など大きな勢力を有していた 幕府としては目の上のタンコブ状態だったのである
比叡山《ひえいざん》
将軍への反旗の疑いがあるため境内を封鎖する
えーっ

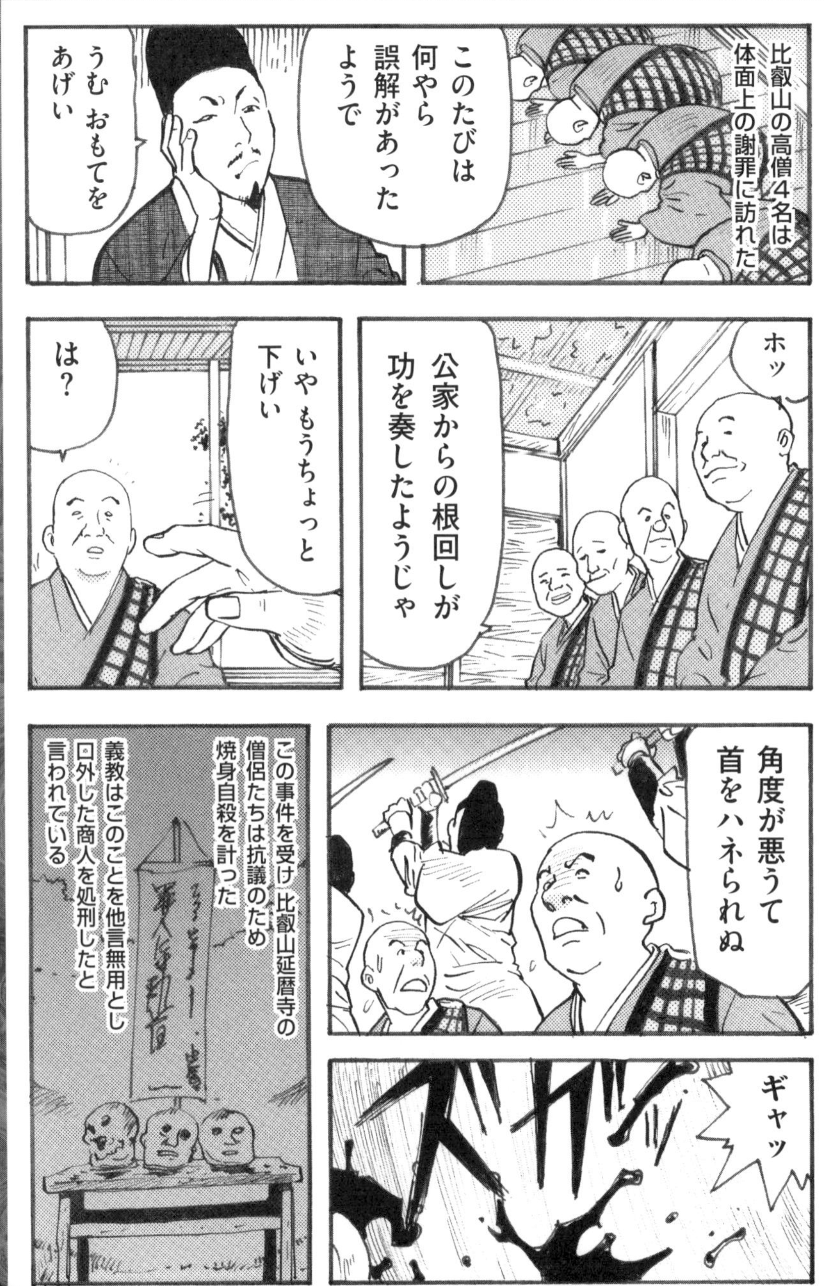

比叡山の高僧4名は体面上の謝罪に訪れた
このたびは何やら誤解があったようで
うむ おもてをあげい
ホッ
公家からの根回しが功を奏したようじゃ
いや もうちょっと下げい
は？
角度が悪うて首をハネられぬ
ギャッ
この事件を受け 比叡山延暦寺の僧侶たちは抗議のため焼身自殺を計った
義教はこのことを他言無用とし口外した商人を処刑したと言われている

独裁者・足利義教
その終わりは突然に
やってきた
赤松《あかまつ》満祐《みつすけ》の
屋敷
本日は珍しいものを
お持ちいたしました
ふむ？
これじゃ！
死ね！
ぐあー
ドズ
1441年、
日本の歴史に
悪名をとどろ
かせた暴君の
生涯は――
自らの血で
染まる深紅の
幕を下ろした
のであった

独裁者コメンタリー

# 足利 義教

Yoshinori Ashikaga

## 優秀な頭脳とそれ以上の残酷性を持つ

1394年、三代将軍・足利義満の五男として生まれる。9歳で出家。法名・義円を与えられ、比叡山延暦寺の最高位の僧職である153代天台座主《てんだいざす》に就く。「天台開《かい》闢《びゃく》以来の逸材」と称されたが、義持が後継者を指名せず亡くなったため、1428年、くじ引きで六代将軍に選出され還俗する。当初は義宣《よしのぶ》を名乗ったが、読みが「世を忍ぶ」に通じると嫌い、義教に改められた。中世日本では、くじの結果は神意の表れと信じられていたが、義教はより権力を誇示すべく情け容赦ない政策を執行し「万人恐怖」と恐れられた。1441年、嘉吉の乱で死去。

兵庫県の安国寺には、足利義教の首塚がある（写真右）。その隣に建つのは、大河ドラマにもなった細川ガラシャの墓である。

## 足利義教の独裁者DATA

| | | | |
|---|---|---|---|
| 独裁度 | ●●●○○ | 残酷度 | ●●●●● |
| カリスマ性 | ●●○○○ | 政治手腕 | ●●○○○ |
| 頭脳 | ●●●●● | 民衆支持 | ●●○○○ |

恐怖と死で支配した独裁者②

# マクシミリアン・ロベスピエール

生涯童貞を貫き通した
テロリズムの生みの親

フランス

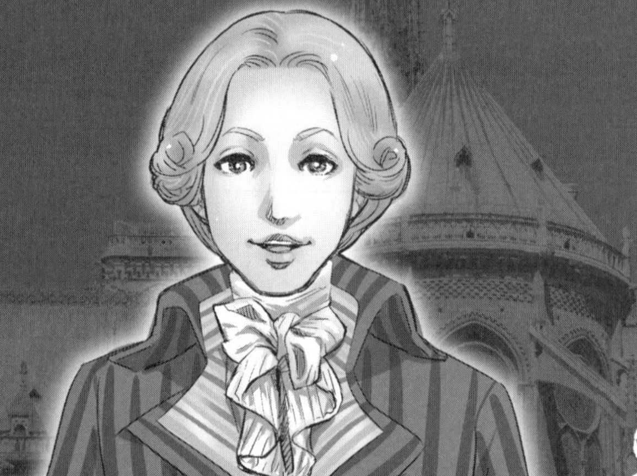

## マクシミリアン・ロベスピエール

Maximilien Robespierre　生 1758年　没 1794年

フランス革命を語るうえで欠かせない存在といえば、このマクシミリアン・ロベスピエールだ。万人を震え上がらせたギロチンを使った恐怖政治（テロリズム）を生んだ革命家である。

マンガ&イラスト　くみハイム

マクシミリアン・ロベスピエール
この男ほど善であるか悪であるか
後世の歴史家の評価が分かれる者もそうはいない
ロベスピエールは1758年生まれ
母は死に 父は失踪 祖父に育てられている
15歳で名門のルイ・ル・グラン学院に入学
あいつがロベスピエール?
たいした優秀ぶりだそうだな
このころ哲学者のルソーに出会ったと伝えられている
ドキ ドキ
ルソーさんに会えるなんて光栄です
私もキミに出会えてうれしいよ
ぼくもルソーさんくらい偉大な人間を目指すぞ!

であるからして
私は被告の無罪を
主張します
1781年 資格を得て
故郷アラスで
弁護士を開業
無罪になれたのは
あなたのおかげです
ありがとうございました
頭を上げてください
弱き者を助けるのは
当然のこと
それに法は誰にでも公正であるべきなのですから
弱者の味方
ロベスピエールは
1789年 三部会
議員に当選
表舞台に立つ
選挙権に資格制限を
求めるのは言語道断！
われわれは何人も自由や
生命が尊重されるべき
である
これからはフランスの
発展に尽力するぞ
いいぞ！
そのとおりだ!!
オオオオオ
最初はいち議員に
過ぎなかったが
その信念と
行動力潔白さにより
支持を獲得していった
そして国会において
革命急進派である
ジャコバン派を率いる
ようになる

1789年
フランス革命勃発
国王ルイ16世は身柄を拘束され裁判にかけられた
王制はそれ自体が犯罪である！
ルイ16世の末路を決めたのはロベスピエールに才能を見いだされた若き革命家サン＝ジュストの演説だった
国王は反逆者であり簒奪者《さんだつしゃ》なのだ!!
投票の結果ルイ16世は死刑
ま 待ってくれ
ルイ16世は死ななくてはならないわがフランスのために!!

王制崩壊後 ロベスピエールは ジロンド派の議員と 対立する
ジロンド派は ジャコバン派に 反対するだけだ
その後押しを したのが 民衆だった
革命を成すのは ジャコバン派だろう
国会は民衆に包囲 されて ジロンド派は 追放された
ワァ
フ…
これでフランスを 動かすのは 私たちですね
われわれはいまだ 少数派 まだ完全とは 言えないよ
何が足りないの ですか?
恐怖
フフ…
チラ…
今のフランスには 恐怖こそが必要 なのだ

私は革命に反対なんてしてません！
1793年 反革命容疑者法が制定
ロベスピエールらの革命に反対する者
お…
おかあさん…
もしくはそう思われる者が粛清された
待て 金ならいくらでも払……
逮捕者は実に30万人以上
ズザシュッ!!
ギロチンで処刑された人数は1万7000人以上
恐怖政治に国中が危機感を抱いた
ロベスピエールの暴政を許してはならない
ロベスピエールを倒すぞ！
オオオ
パリ市役所
いたぞ！
ダダ
あそこだ

あぶない！
うっ
まだここでは殺さない 死に場所は決まっている
ロベスピエールは逮捕翌日に処刑されることとなった
祖国フランスの未来を憂い 自らに対しても常に清くあり続けようとしたロベスピエール
彼は死ぬまで清らかな体――すなわち童貞だったという

独裁者コメンタリー

# マクシミリアン・ロベスピエール

Maximilien François Marie Isidore de Robespierre

## 実はあばた顔だったという説も……

1758年、法律家一族に生まれる。ルソーから大きな影響を受け、1781年に弁護士を開業。貧しい人の立場に立ち、死刑廃止法案などを訴える活動をおこなうが、陳情書を片手に行った初演説では、上ずった声で内容もほぼ聞き取れず、不評に終わった。しかし、フランス革命の指導者となるや一転。敵対勢力を粛清し犠牲者の数は10万人を超えた。この時の恐怖政治は「テロリスト」と呼ばれ、現在のテロの語源となった。なお、肖像画では美男子に描かれるが、近年、最新鋭3D技術により顔が復元され、実直そうなあばた顔だったと判明した。

カンボジアのホアロー収容所は、同国がフランスの統治下にあった19世紀に建設された。フランス革命の象徴であったギロチンが展示されている。

## マクシミリアン・ロベスピエールの独裁者DATA

| | | | |
|---|---|---|---|
| 独裁度 | 2/5 | 残酷度 | 4/5 |
| カリスマ性 | 4/5 | 政治手腕 | 4/5 |
| 頭脳 | 4/5 | 民衆支持 | 4/5 |

恐怖と死で支配した独裁者③

# サダム・フセイン

イラク

中東を混乱させた暴君か
アメリカの被害者か？

## サダム・フセイン

Saddam Hussein　生 1937年　没 2006年

アメリカから「悪の枢軸国」呼ばわりされたイラクの大統領。潜伏していたところをアメリカ兵に捕まり、絞首刑にされたニュースはまだまだ記憶に新しいところだろう。

マンガ&イラスト　徳光 康之

2003年
イラク大統領
サダム・フセインが
アメリカ軍に
捕らえられた映像が
全世界に
配信された
アメリカから
「悪の枢軸国」
とまでいわれた
イラクの独裁者
サダム・フセインとは
どのような男だった
のであろうか
フセインは1937年
イラク北部の
農家に生まれた
幼少時は教師にも
暴言を吐くなど
気性が荒かった
俺に説教
できるタマか
だまれ
クソ教師
1957年に20歳で
バアス党に入党
ここからフセインの
政治活動が始まる

1968年
バアス党は
政権を奪取
多大な功績を
挙げたとして
フセインは
党の副書記長などの
要職に就いている
1979年
バクル大統領が
病気を理由に辞任
フセインが
新大統領に就任したが
バクル大統領
もうあなたの
時代ではない
のですよ
わ
わかった
大統領の
座から
退こう
大統領交代劇は
フセインが
仕掛けたもの
という説もある
私に逆らう者は
一人たりとも
許さぬ
新大統領となった
フセインは
秘密警察を使って
反対派の粛清に
乗り出した
粛清は大規模で
10万人とも
20万人ともいわれる
死者が出ている
フセインの暴力は
国外にも向けられた
イランの
新しい指導者
ホメイニ師は
やっかいだな
今のうちに
叩いて
ペルシャ湾の
覇権を握るか

軍をイランへ進めよ！
突如 隣国のイランに侵攻したのである（イラン＝イラク戦争）
イラン＝イラク戦争は互いに決め手を欠いた消耗戦となり
1988年に終結
大統領 長引いた戦争によって経済が困窮しています
あわてるな
無いなら奪うまでのことよ
クウェートはわが国の石油を奪っている！
これは資源を奪還するための正義の戦いだ！
石油欲しさに罪をでっち上げてクウェートに侵攻 またたく間に占領する

このフセインの傍若無人ぶりを諸外国が許すはずもなかった
イラクの脅威を見過ごすことはできない
ブッシュめ多国籍軍を結成するだと
イランとの戦争ではわれわれを支持したくせに
裏切り者め死を与えてやる
かくして1991年湾岸戦争が勃発
多国籍軍の戦力はイラク軍を遥かに上回り
激烈な空爆にイラク軍は
ゴゴゴゴゴゴゴゴゴゴゴ
クウェートから撤退
くそクウェートは手放したが再起を計ればよいだけのこと
ふふんまさかこれで終わると思っているのか

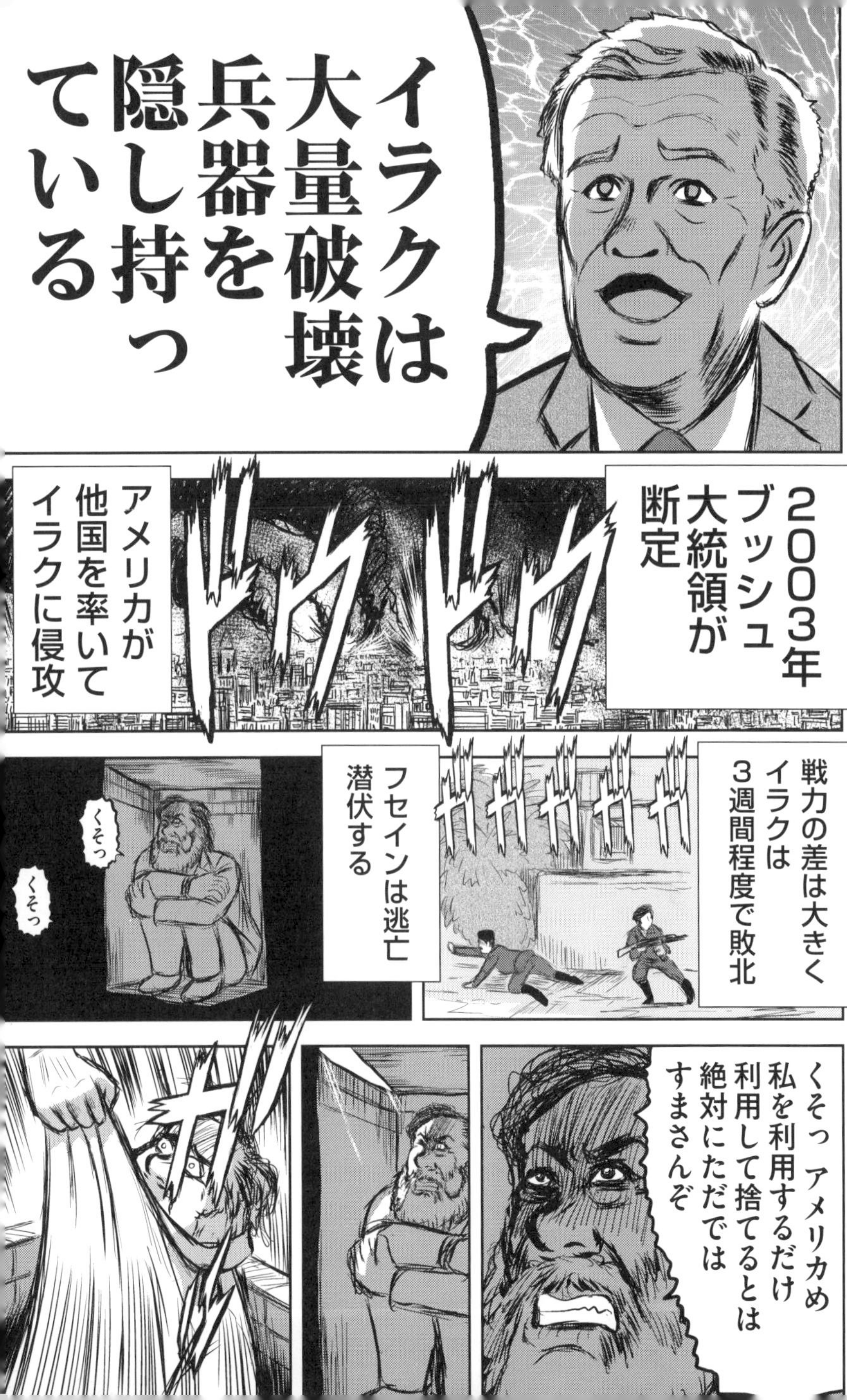
イラクは大量破壊兵器を隠し持っている
2003年ブッシュ大統領が断定
ドドドド
アメリカが他国を率いてイラクに侵攻
戦力の差は大きくイラクは3週間程度で敗北
ガガガガガ
フセインは逃亡潜伏する
くそっ
くそっ
くそっ アメリカめ私を利用するだけ利用して捨てるとは絶対にただではすまさんぞ
ガッ

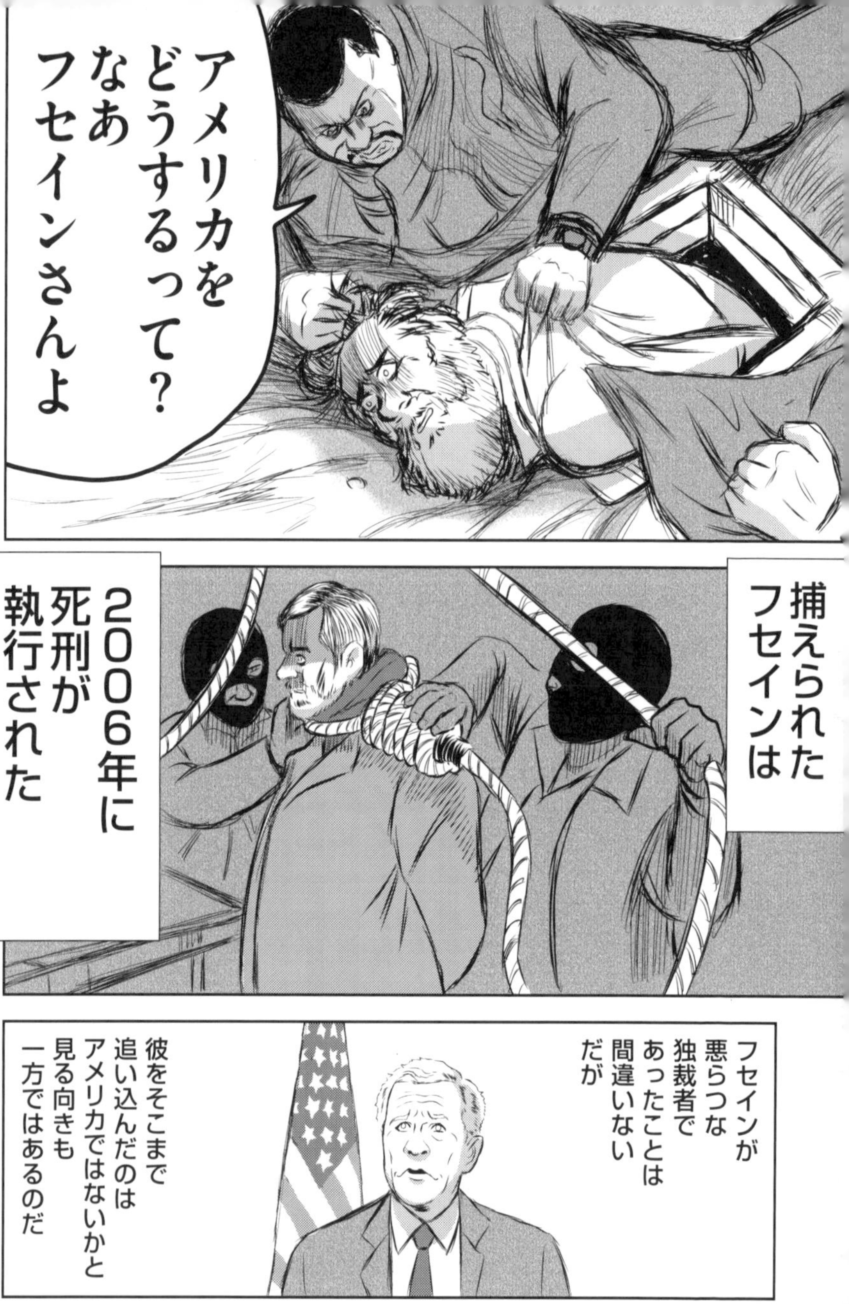
アメリカをどうするって？なあフセインさんよ
捕えられたフセインは
2006年に死刑が執行された
フセインが悪らつな独裁者であったことは間違いないだが
彼をそこまで追い込んだのはアメリカではないかと見る向きも一方ではあるのだ

サダム・フセイン／ END

独裁者コメンタリー

# サダム・フセイン

Saddam Hussein

## 独裁者フセインの息子は傍若無人の権化だった

1937年、イラク北部の農家に生まれる。20歳でバアス党に入党し、カシム大統領暗殺計画に参加。1979年に大統領就任すると、石油の独占販売で暴利をむさぼり、サダム空港の建設、反対派の弾圧、国民に肖像を掲げさせるなど独裁者ぶりを発揮した。1980年、イラン＝イラク戦争を起こし、多数の死傷者をだした。また、そのフセインでさえ手をやいたのが息子のウダイ・フセイン。ウダイの影武者を強制されたフティフ・ヤヒア氏によると、ウダイは拷問、レイプ、殺人など残虐行為を連発。「中東で誰よりも忌み嫌われている男」と報じられたという。

フセイン大統領時代のバグダッド市内を撮影した一枚。ビルの壁にはフセインをたたえる看板が掲げられている。

### サダム・フセインの独裁者DATA

| | | | |
|---|---|---|---|
| 独裁度 | ●●●●● | 残酷度 | ●●●●○ |
| カリスマ性 | ●●○○○ | 政治手腕 | ●●○○○ |
| 頭脳 | ●●○○○ | 民衆支持 | ●●○○○ |

恐怖と死で支配した独裁者④

# カダフィ大佐

リビア

欧米を激怒させた
独裁テロリスト

## ムアンマル・アル=カッザーフィー

Muammar Gaddafi ㊓ 1942年　㊒ 2011年

「リビアの狂犬」「中東の暴れん坊」など、数々の異名を持つリビアの独裁者。粛清などはおこなわなかったが、欧米各国への数々のテロ行為により、国際的な非難の的となった。

マンガ＆イラスト　徳光 康之

1988年
イギリス上空で
パンアメリカン
航空103便が爆発
墜落した
このテロの
主犯と
目されたのが
リビアの狂犬
カダフィ大佐
である
カダフィ大佐こと
ムアンマル・アル＝
カッザーフィーは
1942年
リビアの遊牧民の
子として生まれた
幼いころから
意志の強い性格で
理想に燃えていた
俺はアラブを統一する
そして欧米に負けない
強い国を作るんだ

1961年陸軍士官学校入学その宿舎で
俺はこの国の王制を打倒しようと思っている
ザワッ
おい冗談でもそんなこと言うな
冗談じゃない俺は本気だ
ギギッ
一緒にいて感じるコイツなら本当にやれるかもしれない
わかった俺はお前に協力するよ
ザ
俺も
俺もだ
軍人になったカダフィは1969年宣言どおりクーデターを士官学校の仲間と起こす
ドドドドド
われらの手で政権を掌握し時代を切り開くのだ!
ゴゴゴゴゴ

カダフィは無血クーデターに成功 政権を奪取
リビア連合王国の歴史はもう過去のもの 今日からこの国の名前はリビア・アラブ共和国だ
リビア・アラブ共和国ばんざい
カダフィばんざい
名実ともにリビアのトップとなったカダフィは幼いころからの夢の実現に動く
アラブを統一するぞ
カダフィはエジプトのサダト大統領 シリアのアサド大統領に自らの構想への協力を呼びかけた
しかし
大統領 カダフィ氏との話し合いはいかがでしたか?
ふー いかがも何もあったものではないよ あやつは過激すぎる男だ
なぜ どの国も私のアラブ統一に協力しないのだ
だが 私の目標はもうひとつある 欧米を叩きつぶすという目標がな

カダフィは欧米に強い対立姿勢を取り批判を公言した
また世界の反欧米グループを支援した
カダフィ政権反対
GADDAFI POISONS CHILDREN
カダフィは即刻退陣せよ
それらへの抗議で1984年ロンドンのリビア大使館前でデモが起きた
オオオオオオオオ
カダフィ政権反対
スッ
ジャギイ
オオオオ
ん?あれは銃!
カダフィは即刻退陣せよ
POISONS CHILDREN
NO
オオオオ
ここから離れて
危険です ここから離れ――
オオオオオオ
うああ 撃たれた 警察官が 撃たれたぞ
銃撃された女性警察官は死亡
リビアの関与は間違いないとして
イギリスはリビアと国交断絶

翌年にはローマ空港とウィーン空港で同時多発テロ発生
両空港合わせて死者19名 負傷者140名
翌1986年にはベルリンのディスコ「ラ・ベル」で爆破テロが発生
カッ
200名が負傷 死者3名のうち2名がアメリカの軍人であった
当時のアメリカ大統領レーガンは「リビアの関与は明白」としてリビア空爆を開始
リビアの首都トリポリは大打撃を受けた
アメリカめ みていろ まだ終わらんぞ
そして1988年冒頭のパンアメリカン航空機爆破事件が発生 270名もの死者を出した大惨事であった
だが カダフィの反欧米路線は続行が難しくなる
冷戦が終わりアメリカの軍事力は唯一無二となっている 敵に回すのは現実的ではないか
はい
リビアはパンアメリカン航空機爆破事件の犯人引き渡しに応じ大量破壊兵器の開発計画も放棄
これで欧米諸国との関係も回復するだろう
しかし2010年「アラブの春」により反カダフィデモが勃発 政府と反政府勢力の内戦へと発展する
オオオオ
すると欧米諸国は軟化させていた態度を一転 この内戦に反カダフィ側として軍事介入してくる

逃亡していたカダフィは反政府組織に捕縛された
私は……アラブ
ぐはっ……
統一をうぐぐっ
そして
欧米……諸国に
……がはっ……
負けない……
負け……
カダフィの命は壮絶なリンチによって絶たれた
その死体が腐敗し臭気を発するようになってからも見学者が後を絶たなかった

カダフィ大佐／END

独裁者コメンタリー

# カダフィ大佐

Muammar Gaddafi

## なぜかラブホテルにある回転ベッドを所有していた

1942年、リビアのシルトで誕生。エジプト革命に賛同し、陸軍士官学校に入学。1969年、リビア革命に勝利するとリビア最高指導者および革命指導者の称号を得る。一方、私生活では奇行が多い事で知られる。86年、アメリカ軍に自宅を爆撃された際、回転ベッドを愛用していたことが発覚。また、階段を35段以上登れないほどの高所恐怖症で、飛行機で8時間以上のフライトの際には途中で休憩を挟んでいた。しかし、子供たちのためにマライア・キャリーやビヨンセを招き、プライベートコンサートをおこなうなど家族思いの一面もあった。

古代ローマの遺跡レプティス・マグナ（写真）や、古代ギリシャの遺跡などがあるリビアだが、カダフィのせいでイメージダウンした。

### カダフィ大佐の独裁者DATA

| | | | |
|---|---|---|---|
| 独裁度 | ●●●●○ | 残酷度 | ●●●○○ |
| カリスマ性 | ●●○○○ | 政治手腕 | ●●○○○ |
| 頭脳 | ●●○○○ | 民衆支持 | ●●○○○ |

COLUMN

ロバート・ムガベ

# 堕ちた英雄が起こしたハイパーインフレ

## パンが2000億ドル!? 札束を抱えて買い物へ

まだ記憶にも新しい2009年、世界中に驚愕の映像が配信された。それは、ジンバブエ共和国の食材店の前に、札束を抱えた人々が長蛇の列を作り、わずかなパンを買い求める信じがたい光景だった。彼らが腕いっぱいに抱えた札束は、視界をふさぐほどの高さに達しており、輪ゴムでグルグル巻きにされた貨幣の価値が、紙くず同然にまで暴落しているのは一目瞭然。ちなみに当時、パン1つの価格は2000億ジンバブエドルだった。

この世界最悪のハイパーインフレを引き起こした人物こそ、現代の最凶独裁者の一人に数えられる、ロバート・ムガベ大統領である。若き日は、ジンバブエ民族解放同盟「ZANU」の書記長として活躍し、白人政権から国を奪還した英雄として称えられた男である。

このインフレの原因は、大統領自身の巨額の横領に加え、それまでジンバブエ経済を支えていた白人を強制退去させたことに他ならない。農耕技術を持たない黒人による農場経営は瞬時に失敗し、食料自給率は激減。失業率が最大97%まで膨らみ、国家経済は破たんした。2007年、ムガベ大統領は、物価を半額にするというムチャな政策を執行。結果、紙幣価値が暴落し、2008年には1000億ドル紙幣が誕生する異常事態を招いたのだ。

2017年現在、93歳にして現役を続ける老害は、こともあろうに100歳現役を宣言している。

# 第4章

# 国を混沌におとしいれた独裁者

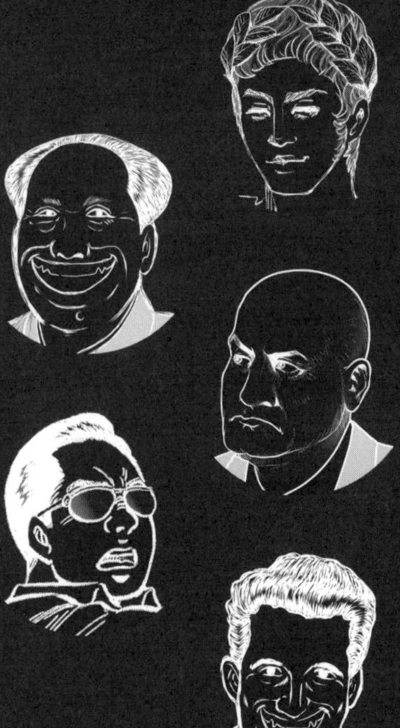

# 国を混沌におとしいれた独裁者①

# ネロ

古代ローマ

## やりたい放題しつくした「ミスター暴君」

### ネロ

Nero Claudius Caesar Augustus Germanicus　㊓ 37年　㊚ 68年

ネロといえば暴君。そして暴君といえばネロ。古代ローマの代表的な独裁者といえるのが、このネロである。個性派ぞろいの古代ローマの権力者の中でも、ひと際目立つネロの生涯とは!?

マンガ&イラスト　くみハイム

歴史上 独裁者と呼ばれた権力者はあまたいるが
「暴君」の代名詞といえば ネロをおいて他にはいまい
ネロは紀元37年生まれ
母であるアグリッピナは野心を秘めていた
この子を皇帝にして 権力を私が握るのよ
アグリッピナは34歳で皇帝クラウディウスと結婚
皇帝には前妻との子ブリタニクスがいた 皇位継承の最有力候補である
そこで ネロをクラウディウスの実の娘と結婚させた
これでネロの皇位継承はほぼ間違いなし
でも100%とは言えないわ

がはっ
あなた!?
ビクン
ビクン
早く医者を……!!
クス…
皇帝を毒殺したアグリッピナはローマを意のままにした
これでネロが皇帝ね そして権力は私の思うがまま
権力の矛先はネロにも向いた
結婚!?
ビクッ
あんな娘との結婚なんて許さないわ
皇帝の自覚がないのなら 弟のブリタニクスを皇帝に就かせてもよいのよ
母の言葉に怯えたネロがとった行動は
ブリタニクスあいつさえいなければ……
キャー
ブリタニクス様!!

ブリタニクスの
暗殺だった
ネロの
しわざに
違いないわ……
ネロ
あなたの母は
美しいかしら？
恐れたアグリッピナは
なんと実子である
ネロを誘惑した
う
美しいです 母上
ネロは実母と
近親相姦の関係を
結んでしまうの
だった

カチャ・・・
おや ネロかい？
今夜もかわいがって……
!!
ドスッ
は……
謀ったな
ネ…ロ…!
ガク
ガク
フフ。。。
母よ 私は
あなたの息子
なのだ 性格も似る
のが当然であろうに
さらには妻である
オクタビアを追放
その後迎えた
後妻ポッパエアは
このネロに
口ごたえする
か！
んぐっ
ボゴォ
妊娠中にお腹の
子もろとも蹴り
殺している

ふふふ
そなたは美しい
顔をしているのぉ
ネロ様
ネロは暴虐を
ふるう一方
美男子を愛した
またネロは「ローマを
世界一の歓楽都市に
する」と宣言 今で言う
コンサートを開いた
われはネロ〜♪
ローマの偉大なる
皇帝なるぞ〜
暴君のコンサートに
民衆はうんざり……
と思いきや 意外にも
好評だったとか
ネロ様〜
なんて素敵な
歌声なの
ゴオォォォ
にげろー
うわぁ〜
だがネロの支持が
大きく揺らぐ
出来事が起きる
大火のときには
いろいろと
援助して
くれたよな
新宮殿を作る
ために火を
放ったとも
聞いたぞ
紀元64年の
大火がネロに
よるものと
噂が飛び交った

真相は定かではないが 民衆の不信感が募ったのは事実
フン 大火の犯人を作ってやれば民の怒りはそちらに向くであろう
フン
その犠牲となったのが キリスト教の信者たちであった
待ってくれ 私は何もしていない
ギャー！
ぎゃ
ワン
ワン
あつい～
ぎゃぅ
処刑の残酷さは市民の恐怖と反感を買った
ネロは国家の敵だ……
奴を生かしておいてはいけない
ギャー
ネロ様 追手の馬が近づいております
くっ もはやこれまでか
余はなぜ死なねばならぬのだ
余が死ねば偉大な芸術家が一人減るではないか
ザクッ
ネロは30歳で生涯の幕を下ろした
その両目は獣のように見開かれていたという

# ネロ

Nero Claudius Caesar Augustus Germanicus

## 美しい者なら男も女も溺愛した

西暦37年、初代皇帝の血を引く母、アグリッピナの子として誕生。54年、計略家の母の手引きで、16歳にしてローマ帝国の第5代皇帝の座に就くが、母の干渉がうとましくなり、暗殺を計画。船ごと海に沈めるが、凄まじい生命力を持つ母が陸まで泳ぎきったと知ると、反撃の隙を与えないよう兵士に殺させた。以降、残虐性はエスカレート。友人の妻だったポッパエアを略奪し、後妻に迎えるも口論の末に蹴り殺し、師匠や側近までも死刑にして暴虐の限りを尽くす。やがて、国中の美男美女を集めた饗宴にふけるようになり反乱軍に囲まれ、自害した。

古代ローマの象徴的建造物であるコロッセオ（円形闘技場）。かつてネロはこのコロッセオで剣闘士や模擬海戦を観戦して楽しんだという。

### ネロの独裁者DATA

| | | | |
|---|---|---|---|
| 独裁度 | ●●●○○ | 残酷度 | ●●○○○ |
| カリスマ性 | ●●●●○ | 政治手腕 | ●●○○○ |
| 頭脳 | ●●●○○ | 民衆支持 | ●●●●○ |

## 国を混沌におとしいれた独裁者②

# 毛沢東

中国

中国を混乱と発展に導いた『英雄』

**毛沢東**（もうたくとう）

Mao Ze Dong ㊓ 1893年 ㊖ 1976年

天安門広場に大きく掲げられている肖像画の人物。それこそが、中国の歴史上、最も有名な指導者のひとりである毛沢東だ。多大なる功績と汚点を残した毛沢東とは、どんな人物なのか。

マンガ&イラスト 徳光 康之

中国・北京の天安門には一人の男の肖像画が掲げられている
彼の名は毛沢東
中国の英雄そして
大量の死者を出した独裁者と呼ばれる男だ
1893年毛沢東は湖南省の農家の三男として生まれた
師範学校を卒業後1919年には初等中学校の歴史教諭となる
このころすでに左翼運動に励んでいたとされる

1921年 第1回中国共産党全国代表大会に出席
2年後には中国共産党の中央委員に選出される
一方
1925年 中国国民党の蒋介石が中華民国政府の樹立を宣言
毛沢東はこれに猛反発武力で攻撃するが中国国民党の戦力にはかなわず根拠地を放棄し事実上の敗走「長征」をよぎなくされる
逆転の好機が来るまであきらめんさらに力をつけるのだ
1937年日中戦争勃発
毛同志！われわれも最前線に進軍しましょう
その必要はないゲリラ戦に徹すればよい
他の部隊は激戦区にあるというのに
毛同志は怖気づいたのか……
1945年第二次世界大戦で敗北した日本軍は中国本土から撤退

同年
毛沢東は
中国共産党
中央委員会
主席に就任
さらに
中華民国
総統の
蒋介石との
会談で
和平を結ぶ
共産党軍と
中華民国で
内戦はしない
よろしいですね
毛主席
毛沢東は
無言で
うなずいた
しかし
一部の
共産党軍と
国民党軍が
交戦するや
ドオオ
今こそが
中華統一の
好機である
毛沢東率いる共産党軍は
全軍で国民党軍を攻撃
全面対決に突入する
オオオオオオ

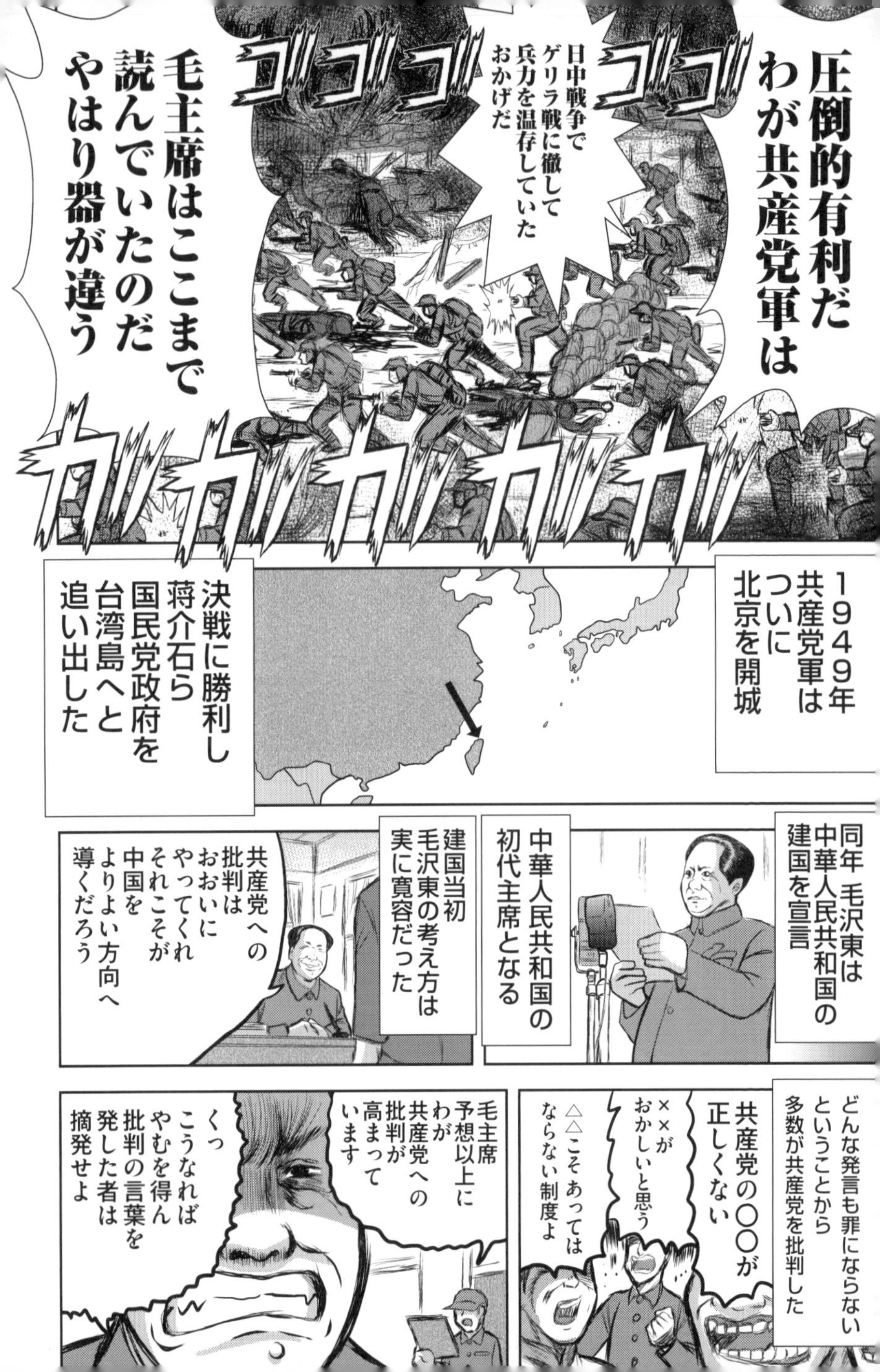

圧倒的有利だ わが共産党軍は
ゴゴゴ
日中戦争でゲリラ戦に徹して兵力を温存していたおかげだ
ゴゴゴ
毛主席はここまで読んでいたのだ やはり器が違う
カッカッカッカッカッ
1949年 共産党軍はついに北京を開城
決戦に勝利し蒋介石ら国民党政府を台湾島へと追い出した
同年 毛沢東は中華人民共和国の建国を宣言
中華人民共和国の初代主席となる
建国当初毛沢東の考え方は実に寛容だった
共産党への批判はおおいにやってくれ それこそが中国をよりよい方向へ導くだろう
どんな発言も罪にならないということから多数が共産党を批判した
共産党の○○が正しくない
××がおかしいと思う
△△こそあってはならない制度よ
毛主席 予想以上にわが共産党への批判が高まっています
くっ こうなればやむを得ん 批判の言葉を発した者は摘発せよ

現在の共産党一党独裁はこの「反右派闘争」がきっかけであったと言えるだろう
1952年
わが中国は社会主義体制を目指す
唐突に表明
その6年後「大躍進政策」を唱えた
農家のおいらたちに鉄を作れって？
そんな無茶な
経済成長を目論んだ政策であったが素人がこなせるはずもなくできるのはクズ鉄ばかり
そのうえ
鉄なんか作ってたせいで収穫物が減っただよ
家族皆が食べていけるかギリギリだ……
ん 何の音だ
イナゴだー！
畑が荒らされてしまうーっ
イナゴの大発生には原因があった 稲穂をついばむスズメを見た毛沢東が
スズメは害鳥だ徹底的に駆除させろ
天敵であるスズメが激減した結果イナゴが大発生
4000～5000万人ともいわれる餓死者が出た

大躍進政策の失敗で毛沢東は失脚する
だが 1966年 毛沢東は再び最高権力の座を狙い左派の若者たちを集めて紅衛兵《こうえいへい》を結成
文化大革命の始まりである
現体制では中国の発展はない
毛沢東同志こそ真のリーダーだ
造反有理
（謀反には道理がある）
紅衛兵たちの大粛清が始まった
共産党の権力者 学者などのインテリ さらには一般市民まで 穏健派はことごとく粛清対象とされ 投獄 処刑された
毛同志の思想に従わぬ者は全員敵だ
毛同志の思想に従わぬ者は全員粛清だ
文化大革命による死者は1000万人以上とも言われている
多くの死者を出した毛沢東だが 1972年には アメリカのニクソン大統領 日本の田中角栄首相と会談
国交正常化に大きく貢献している
中華人民共和国を建国し 日米との関係も改善させた英雄であり 一方 何千万人もの死者を出した暴君がこの世を去ったのは
1976年のことである

毛沢東／END

独裁者コメンタリー

# 毛沢東

Mao Ze Dong

## 入浴と歯磨きを嫌い女性を抱きまくる性豪

1893年に誕生。中国共産党に入党すると中国全土を安泰に導き、1949年に中華人民共和国の建国及び、国家元首就任を宣言する。優れた政治指導者、さらには信仰の対象としても慕われていたが、3年で変貌。文化大革命、約360万人の収容を目的とした巨大地下シェルター「北京地下城」の建設など無謀な政策を強行し数千万の死者を出す。私生活でも奇行が多く、生涯、入浴と歯磨きを嫌い「虎は決して牙を磨かない」と言い張った。また、20歳下の女優・江青との不倫をはじめ、毎晩若い女性と寝室を共にする性豪だったことも有名。

天安門広場に掲げられた毛沢東の肖像画。始皇帝や曹操など、中国には絶対権力者があまたいたが、毛沢東は中国人にとって特別な存在のようだ。

### 毛沢東 の独裁者DATA

| | | | |
|---|---|---|---|
| 独裁度 | ●●●●○ | 残酷度 | ●●●●○ |
| カリスマ性 | ●●●●● | 政治手腕 | ●●●●● |
| 頭脳 | ●●●●○ | 民衆支持 | ●●●●○ |

国を混沌におとしいれた独裁者③

# ベニート・ムッソリーニ

イタリア

ヒトラーの傀《かい》儡《らい》となり自滅していった独裁者

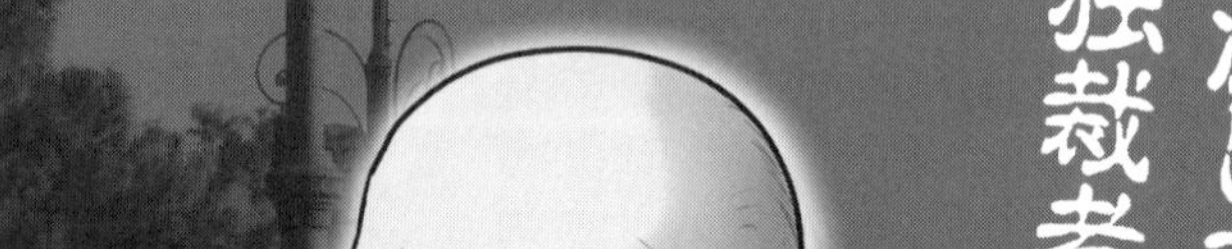

## ベニート・ムッソリーニ

Benito Amilcare Andrea Mussolini　㊐ 1883年　㊣ 1945年

第二次世界大戦の際、ドイツ、日本と日独伊三国同盟を結んだイタリア。そのとき同国のトップであったのがムッソリーニだ。ヒトラーの操り人形とやゆされた男の人生をひも解く。

マンガ&イラスト　高樹 はいど

イタリアの首相
ムッソリーニは
最初 国内外から
高い評価を得ていた
あなたと
組むことにしたよ
懸命な判断だ
イタリアはよりよい
国になるであろう
そのとおりだ
ヒトラー総統

ムッソリーニが生まれたのは1883年
師範学校を卒業後教師になるがすぐに辞めて諸国放浪の旅に出ている
動くな!
くそ離せ!
強烈な社会主義者であったムッソリーニは諸国の当局ににらまれ放浪中に10回以上も逮捕されている

1914年
第一次世界大戦が勃発
ムッソリーニも
陸軍兵士として戦った
あぐっ!
大丈夫か
ムッソリーニ
私はイタリアを
愛しています
このくらいの傷
へっちゃらです
この戦争をきっかけに
ムッソリーニは
愛国主義に傾倒していく
イタリアに害をなす
左翼どもから
われわれファシスト党が
この国を守るのだ!
戦後 イタリアは
左翼勢力が台頭していたが
ムッソリーニは退役軍人らを
集めてファシズム運動を展開
ファシスト党に
たてつく者は
逮捕する!
ムッソリーニの
クソやろうめ
いいぞ
ファシズムばんざい!

続々と支持者を増やした ファシズム党は 党員5万人を 引き連れてローマに集結した 「ローマ進軍」である
新しいイタリアの首相は
ムッソリーニとする
当時の国王 ヴィットリオ・エマヌエーレ3世は ファシスト党に屈した
首相に任命された ムッソリーニは
ファシスト党以外の 政党は一切禁止とする！
一党独裁に加え 内務大臣 外務大臣 国務大臣を兼任 権力を独占した
こうして独裁者となった ムッソリーニであるが その 治世は高い評価を得ている
マフィアは残らず滅ぼせ
経営者と労働者の対立もなくすのだ
さらに交通網も整備され イタリアはよい方向に 向いていると思われた
しかし その栄華は 長くは続かなかった

…………
ドイツがフランスを占領したか
時代はドイツに傾いているな
……よし
イタリアはドイツと同盟を結ぶぞ
こうして
イタリアはドイツ
そして日本と
同盟を締結
日独伊三国同盟である
イタリアはドイツに
影響を受ける形で
北アフリカに侵攻
戦いは苦戦を強いられ
イタリアの民衆は
不満を募らせていく
こんな戦争
する必要があるのか
ムッソリーニは
ヒトラーの操り人形じゃないか
1943年には
クーデターにより政権崩壊
もはや
これまでか
ムッソリーニは首相の座を追われる

まだ終わりではないぞ 同志
新しい国を作ればいいじゃないか
ああ ヒトラー総統
そうか
私はまだ権力を握れるのか
こうして誕生した
イタリア社会共和国だが
第二次世界大戦の
ドイツ敗北であえなく崩壊
そして1945年
ムッソリーニを
捕まえたぞ！
くそっ
動くな
お前は銃殺刑だ
やめ まだ
死にたく……
ズキュ
処刑されたムッソリーニの
死体は 生存説が残らぬよう
宙づりで見せしめにされた
ヒトラーの傀儡《かいらい》となった独裁者の
あまりにあっけない最期だった

# ベニート・ムッソリーニ

Benito Amilcare Andrea Mussolini

## 最初のころは国民に愛されていたが……

1883年、イタリア北部の貧しい鍛冶屋の家に誕生。幼少期はわらの中で眠るひもじい生活を送っていた。36歳でファシスト党を結成し、39歳で首相に就任。貴族的退廃趣味を嫌い、酒やタバコの代わりにフルーツを好み筋肉美を自慢した。敵対者に対する拷問の方法も独特で、下剤効果のあるひまし油を飲ませていたことも有名。ナチスと同盟を結ぶ以前は、陽気かつ女好きなラテン系の人物として国民に愛されていた。その影響か、失脚後も子孫は迫害を受けず、現在、孫のアレッサンドラ・ムッソリーニはタレント議員として政治活動中である。

「フォーリ・インペリアーリ」は、ローマにある遺跡。ここで軍事パレードをおこなうため、ムッソリーニはフォーリ・インペリアーリ通りを作った。

### ベニート・ムッソリーニの独裁者DATA

| | | | |
|---|---|---|---|
| 独裁度 | ●●●●○ | 残酷度 | ●●●●○ |
| カリスマ性 | ●●○○○ | 政治手腕 | ●●○○○ |
| 頭脳 | ●●○○○ | 民衆支持 | ●●○○○ |

国を混沌におとしいれた独裁者④

# フェルディナンド・マルコス

フィリピン

神童から独裁者になった「アジアのケネディ」

## フェルディナンド・マルコス

Ferdinand Marcos　㊤ 1917年　㉆ 1989年

幼いころから勉強ができ、司法試験を史上最高ともいわれる成績で合格したという秀才。将来を期待された若者は、しかし学生時代に父の政敵を射殺したことから運命が動き始める。

マンガ&イラスト　大和 正樹

フィリピン
マラカニアン
宮殿――
NO! MAR
マルコスの独裁を
許すなっ!!
マルコスは
大統領を即刻
やめろっ!!
なぜ 私が祖国を
追われなければ
ならないのだっ
マルコス大統領
イメルダ夫人
フェルディナンド・
マルコスは
1917年生まれ
政治活動をしていた
父を持ち 幼いころから
勉強がよくできて
神童と呼ばれた
フィリピン大学入学時には
「大学始まって以来の
天才」と言われている
マルコス
父
政敵は排除しな
ければならない！
それが政治なんだ
マ マル
コス……
そんなマルコスは
20歳のとき ある事件
を起こした

これによって逮捕されたマルコスは獄中で勉強に励んだ
……
俺は政治家になるんだ力と頭脳を備えた最強の政治家に
World diction
最高裁で無罪判決を勝ち取ったマルコスは1949年に史上最年少で下院議員に当選
1949
司法試験にトップで合格 若くして将来を期待された彼は……
アジアのケネディだ!
たいしたもんだっ!!
マルコスが後に妻となるイメルダと出会ったのは議員当選の2年前 あるパーティーの席だった
それでな 今後のことだが……おい聞いてるのか?
あのご婦人は?
ああミス・マニラのイメルダ嬢だよ

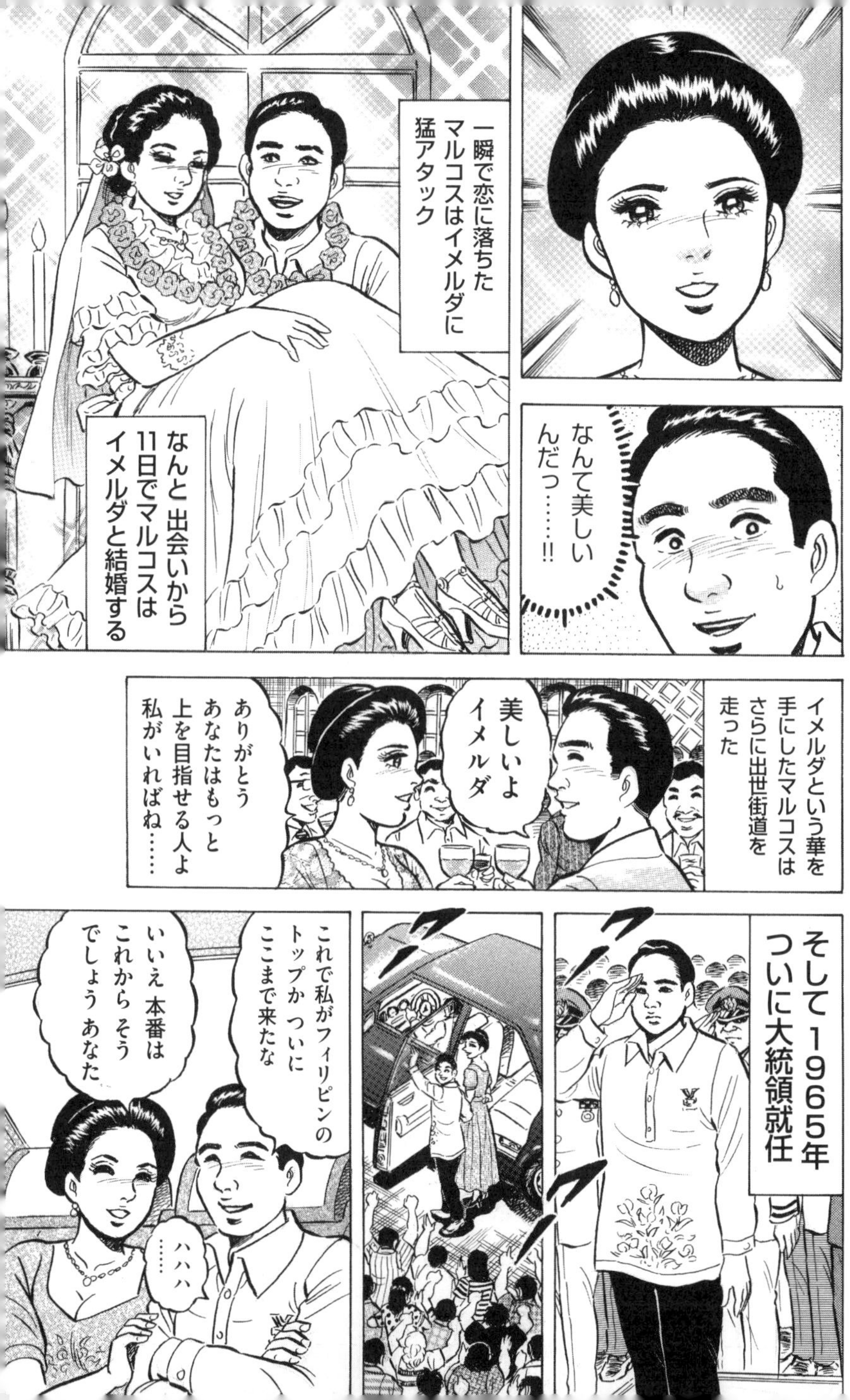
なんて美しいんだっ……!!
一瞬で恋に落ちたマルコスはイメルダに猛アタック
なんと出会いから11日でマルコスはイメルダと結婚する
イメルダという華を手にしたマルコスはさらに出世街道を走った
美しいよイメルダ
ありがとう あなたはもっと上を目指せる人よ 私がいればね……
そして1965年ついに大統領就任
これで私がフィリピンのトップか ついにここまで来たな
いいえ 本番はこれから そうでしょう あなた
ハハハ……

親米路線のマルコス派は
アメリカの資金援助に
よって 経済を活性化
さらに学校や病院などの
インフラ整備をおこなった
暮らしがとても
ラクになったわ
マルコス大統領の
おかげだね
だが 経済状況が
悪化したことで
支持率が落ちると
マルコスの本当の
顔が露わになる
大統領 支持率が
急落しています!
ガタッ!!
フィリピンの
英雄である私を
不支持だとォ
くそっ 戒厳令だ!
国民の行動を
制限するぞ!!
ザッ
ザッ
軍が反対派の村を
弾圧したのだ
議会を停止
して 選挙を
しないだって!?
それじゃ この先
ずっとマルコスが
大統領じゃないか!!

国民の怒りの原因はマルコスの愚策のせいだけではなかった
へっ 今 なんと?
ここにある サイズの合う靴を全部買うと言ったのよ オホホ
イメルダの散財だ 日々 何万ドル単位という衝動買いも国民の感情をおおいに逆なでした
ちなみにイメルダは3000足の靴と6000着のドレスを所有していたという
国民の我慢はすでに限界を超えていた
これでは私は大統領を追われそうだ……私の反対派を殺せばいいんじゃないか!!
1983年 政敵ベニグノ・アキノ暗殺事件発生
しかしこれが 国民のベニグノ・アキノの夫人コラソン・アキノへの熱狂的支持を呼んでしまう
コラソン コラソン

コラソン!!
コラソン!!
マルコスは選挙をおこなえっ!!
大統領は国民に選ばせろっ!!
民衆の圧力に屈したマルコスは 大統領選挙をおこなうも 票の不正操作が発覚
マルコスは立ち去れー!!
1986年 怒れる国民100万人が大統領の官邸に押しかけたのだ マルコスはハワイへの亡命をよぎなくされたのである
そして1989年 亡命先のハワイで死去
マルコスの遺体がマニラの国立英雄墓地への埋葬を許されたのは 死後30年近く経った2016年のことである
フェルディナンド・マルコス／END

独裁者コメンタリー

# フェルディナンド・マルコス

Ferdinand Marcos

## 2016年、息子が副大統領に立候補。その結果は!?

1917年、フィリピンに誕生。弁護士を父に持ち、フィリピン大学を卒業後、司法試験をトップ成績で合格した。48歳で大統領就任。一期目には、米軍に基地を提供した見返りで受けた経済援助資金で、学校・病院の建設やインフラ整備を行い、国民から高く評価されたが、晩年は国家資産を横領した金で贅沢な暮らしを謳歌。2009年におこなわれたイメルダ夫人の80歳のパーティも、当時の名残で盛大に行われ、デヴィ夫人がサプライズゲストとして登場しマスコミを賑わせた。2016年には息子のボンボン・マルコスが副大統領選に出馬したが、落選した。

マルコスも通っていた名門のフィリピン大学。国内に10のキャンパスを持つ国立大学だ。マルコスはこの大学の法学部を卒業している。

### フェルディナンド・マルコスの独裁者DATA

| | | | |
|---|---|---|---|
| 独裁度 | ●●●○○ | 残酷度 | ●●○○○ |
| カリスマ性 | ●●●●○ | 政治手腕 | ●●●●○ |
| 頭脳 | ●●●●● | 民衆支持 | ●●●●○ |

# ニコラエ・チャウシェスク

ルーマニア

東欧の英雄の正体はやりたい放題の暴君

## ニコラエ・チャウシェスク

Nicolae Ceausescu ㊤ 1918年 ㊞ 1989年

強大な力を持つソ連にハッキリと「ノー」を突きつけたことから、東欧の英雄として賞賛されたルーマニアの大統領。しかし、その実態は国民を容赦なく弾圧する暗黒政治家だった！

マンガ&イラスト 徳光 康之

1989年12月25日
クリスマス
ルーマニアの
独裁者
チャウシェスクと
その妻エレナは
国民によって
死刑に処された
ガガガガ
銃殺である
ニコラエ・
チャウシェスクが
生まれたのは
1918年
第一次世界大戦
終結の年である
1932年に共産党入党
以後 何度も
投獄されており
1946年に結婚する
妻のエレナと出会った
のも獄中である

1965年
前任者の死去にともない 共産党の第一書記に就任 ルーマニアの最高権力を握る
ニコラエ ついにあなたが この国のトップね
ああ エレナ 私を支えてくれよ
1968年 チェコスロバキアの自由化政策に ソ連と東側5カ国が軍事介入
ガガガ
それに対し
ソ連らによるチェコスロバキア侵攻は大きな誤りだ 今すぐ撤退せよ
さすがは私たちのリーダーだわ
ああ 誇り高きルーマニアの男だぜ
オオオ
西側諸国もルーマニアの独自外交路線を支持した
東側諸国がボイコットした1984年のロス五輪においてルーマニアだけが東側から唯一参加している
Romania
だがルーマニアでは1960年代なかばから国内が大混乱に陥っていた
ごめんね あなたを育てるお金がないの
避妊・中絶を禁止する法律により街には捨て子があふれていたのである

この法律はチャウシェスクの妻エレナの発案によるものであった
避妊 中絶を禁じれば人口がどんどん増えるわ
さすがわが妻だ税収を増やせるぞさっそく採用しよう
1974年にはオイルショック1976年には大地震が起きてルーマニアの経済は大混乱
配給は今日もパンひと切れ
政府は何をしているんだ
国民は非常に苦しい生活を強いられたさらに
1974年チャウシェスクは大統領制を導入し初の大統領に就任
税金を不正に蓄財し始め
公費の1500億円で邸宅を建設ぜいたくの限りを尽くした
チャウシェスクの息子もぜいたくと横暴を極めた
バカヤロー俺のフェラーリに傷つけやがってとろとろと歩くな死ね
ご子息様あとはわれわれ警察にお任せを
タタタタッ
高級外車を何台も乗り回し事故を起こしてもおとがめなし
おい見ろ助手席
ああコマネチだ
ルーマニアの白い妖精と呼ばれた金メダリストナディア・コマネチを強引に愛人にした
このままじゃルーマニアはおしまいだ

チャウシェスクをどうにか失脚させないと
ザザ
ガタッ
ガタッ
誰だっ
ズ
秘密警察だ
チャウシェスク様への反抗は万死に値する
ガガガ
自分に不満を抱く者は秘密警察を使って 徹底的に弾圧した
貧困 混乱 そして 弾圧から
ゴゴゴ
1989年12月16日 ティミショアラで民衆によるデモが発生 秘密警察がデモ隊に発砲し 多数の死傷者を出した
5日後の12月21日 ティミショアラでのデモ終結をアピールするため 共産党本部庁舎前で 約10万人を動員し チャウシェスクをほめたたえる 賞賛集会を開催
オオオオ
ところが

チャウシェスク独裁への抗議集会に変貌した
チャウシェスクは嘘つきだ
大統領を殺せ
チャウシェスクは嘘つきだ
民衆が蜂起したのだ
愚民どもめ 革命を起こす気か バカが
おいッ 国防大臣 軍で愚民らを殺せ
国防大臣
命令が聞けぬのか?
隊長ッ 入電ッ 国防大臣が殺されたと
チャウシェスクめ
われらは大臣の意志を継いで民衆を守るぞ
国防大臣の死によってデモは革命派軍部対秘密警察の内戦となり激化する
革命派勢力に大統領宮殿を囲まれチャウシェスク夫妻は逃亡する
しかし

12月22日
軍に
拘束され
3日後
軍事法廷にて
大量虐殺と
不正蓄財の罪で
死刑が即決
この私を
誰だと
思って
いるの
くそっ
離せ
同日
銃殺刑
執行
チャウシェスクと
エレナは
公開処刑された
それは
ルーマニアに
自由が訪れた
瞬間であった

ニコラエ・チャウシェスク／END

独裁者コメンタリー

# ニコラエ・チャウシェスク

Nicolae Ceausescu

## 国民の税金で建てた豪邸で孔雀を放し飼い

1918年、ルーマニア王国の農家に誕生。ルーマニア共産党の第一書記官を経て、56歳で初代大統領に就任する。妻エレナの発言を元に実施された堕胎禁止令によって人口が急増。首都ブカレストには捨て子があふれ、行き場のない子供がマンホールで暮らすようになってしまった。また、エレナは「共産国家にエイズ患者は存在しない」とも発言し、対策を怠ったために国中にエイズ患者を蔓延させた。現在、チャウシェスクの豪邸は一般公開されて、屋内プール、映画館、地下シェルター、孔雀が放し飼いされた庭など、贅沢すぎる私生活が明らかとなっている。

ルーマニアの首都ブカレストにある「国民の館」。かつてチャウシェスクが家族で住んでいた大豪邸は、現在、観光地として一般開放されている。

### ニコラエ・チャウシェスクの独裁者DATA

| | | | |
|---|---|---|---|
| 独裁度 | ●●●●○ | 残酷度 | ●●●●○ |
| カリスマ性 | ●●○○○ | 政治手腕 | ●○○○○ |
| 頭脳 | ●●○○○ | 民衆支持 | ●●○○○ |

# おわりに

現在、北朝鮮とアメリカがチキンレースの真っ最中である。北朝鮮の金正恩という独裁者が核を所有し、ミサイル発射を繰り返している。一方、アメリカのトランプ大統領は独裁者とまでは言い切れないが、歴代大統領の中でもっとも攻撃的で、大多数の反対を押し切っても独断で思い切った決断を下すであろうと言える。

こうした独裁者が登場した時、世の中がどのように恐ろしい事態になるのかは歴史が証明している。私たちはもっと独裁者について知る必要があるのではないか。彼等の多くは初めから独裁者であったわけではない。過去において、独裁者がどのように誕生し、彼等が世の中をどのように破壊してきたのか。私たちは独裁者というものをもっと知り、これからの世界で誕生しないように監視し続けることが必要である。過去から現在まで、私たちは独裁者の名前を知っていても、彼らの内実は意外と疎いことが多い。そういった意味では、漫画で一通り俯瞰することにも大いに意味があるように思える。

出口汪

## 参考文献


『アメリカに喧嘩を売る国 フィリピン大統領ロドリゴ・ドゥテルテの政治手腕』
著：古谷経衡（KKベストセラーズ）
『一気にわかる！ 池上彰の世界情勢2017 トランプ政権誕生編』
著：池上彰（毎日新聞出版）
『教科書には載せられない暴君の素顔』著：山口智司（彩図社）
『軍事研究 2017年5月号』（株式会社ジャパン・ミリタリー・レビュー）
『知っておきたい世界の悪人・暴君・独裁者』監修：桐生操（西東社）
『図解雑学 フランス革命』著：安達正勝（ナツメ社）
『図説 ヨーロッパ服飾史』著：徳井淑子（河出書房新社）
『世界史 悪の帝王たち 戦慄と野望が彩るワルの凄腕！』著：桐生操（日本文芸社）
『世界史暴君大事典』著：島崎晋（徳間書店）
『世界の軍装図鑑　18世紀-2010年』
著：クリス・マクナブ　監訳：石津朋之　訳：餅井雅大（創元社）
『世界の最凶独裁者 黒歴史FILE』（ダイアプレス）
『世界の独裁者 現代最凶の20人』著：六辻彰二（幻冬舎）
『世界の独裁者たち』（竹書房）
『「知」のビジュアル百科 14 衣服の歴史図鑑』
著：L・ローランド＝ワーン　日本語版監修：川成洋（あすなろ書房）
『血塗れの残酷王 独裁者列伝 VOL.2』（コアマガジン）
『トルコ現代史』著：今井宏平（中央公論新社）
『独裁者　その恐ろしくて滑稽な実像』著：加瀬英明（グラフ社）
『ニューズウィーク日本版』（CCCメディアハウス）
『フランス革命の肖像』著：佐藤賢一（集英社）
『魔将軍　―室町の改革児 足利義教の生涯―』著：岡田秀文（双葉社）
『マンガ金正恩入門 北朝鮮若き独裁者の素顔』
作：河泰慶　漫画：崔炳善　監修：李英和（TOブックス）
『ラルース 図説 世界史人物百科 III フランス革命－世界大戦前夜』
編集：フランソワ・トレモリエール／カトリーヌ・リシ　監修：樺山紘一（原書房）
『歴史を動かした「独裁者」』著：柘植久慶（PHP研究所）
『ローマ帝国と皇帝たち』著：ニック・マッカーティ　日本語版総監修：本村凌二（原書房）


他に各辞書、各報道、各省庁の公式サイトなどを参考にさせていただきました。

マンガでわかる！
# 世界最凶の独裁者18人

2017年9月20日　第一刷発行

著　者　　黒い世界史調査会
発行人　　出口汪
発行所　　株式会社 水王舎
〒160-0023
東京都新宿区西新宿6-15-1
ラ・トゥール新宿511
電話　03-5909-8920

本文印刷　　慶昌堂印刷
カバー印刷　　歩プロセス
製　本　　ナショナル製本
写　真　　Shutterstock
ブックデザイン　　太田俊宏（開発社）
編集協力　　山下達広（開発社）、浅水美保
編集統括　　瀬戸起彦（水王舎）


Printed in Japan
ISBN978-4-86470-087-0